Gerhard Tötschinger
Viva l'Italia

Gerhard Tötschinger

Viva l'Italia

Erlebtes · Erdachtes · Erlesenes

AMALTHEA

Open my heart and you will see
graved inside of it ITALY

ROBERT BROWNING 1812–1889

Inhalt

Passeggiata VII · 162

Passeggiata VIII · 194

Passeggiata IX · 217

Vorsatz: Ein Markt an der ligurischen Küste
Seite 4: Venedig. Markt am Campiello dei Miracoli
Seite 6: Bergamo. Der Dom
Nachsatz: Fellinis »Buch der Träume«, die Sammlung seiner Zeichnungen.
Der Mund, abgegossen von Gundi Dietz

Warum dieses Buch?

Italien in uns – ein Kaleidoskop. Lollobrigida, Rossini, Pizza, Celentano, Strandleben, Pinocchio, Visconti, Papst, Mastroianni, Alfa Romeo, Volare, Canal Grande, Sophia Loren, Spaghetti, Sonne, Fellini, Fußball.

Plötzlich verdunkelt – ein Land, in das die Kälte eingezogen ist, der zynische Materialismus, eine Regierung, die immer wieder in Wahlen bestätigt, dem Beobachter von außen unbegreifbar wird und bleibt. Ein Regierungschef als groteske Karikatur eines Latin Lovers.

Und so bleibt man also draußen – das wunderbar leuchtende Kaleidoskop ist kaputt.

Aber nun ist ein Wandel im Gang. Italien kehrt zurück. Die Lethargie, die Gleichgültigkeit gegenüber der Gemeinschaft, der italienischen wie der menschlichen, weicht, macht wiedererwachendem Gemeinsinn Platz. Das hat etwas von Risorgimento – Wiedererwachen, Aufstehen, eine sanfte Revolution. Der Jugend reicht es – sie will wieder mitreden, mitbestimmen, über sich selbst bestimmen, sich einmischen. Die Planlosigkeit der Entwicklung der letzten Jahrzehnte hat schließlich, hat endlich zum Widerstand geführt.

Das wird natürlich ein sehr persönliches Buch sein, sein müssen. Eine große Fülle von selbst Erlebtem im Laufe der Jahrzehnte der Begegnung mit dem Sehnsuchtsland der Nordländer hat in mir ihre Spuren hinterlassen. Ich werde nicht, wie das vor zwei, drei Generationen noch der Brauch war, schreiben »Der Autor

dieser Zeilen hat an einem freundlichen Frühlingstag in Caltani-
setta gesehen, wie …«. Hier steht also »Ich habe im Frühjahr 1997
in C …«

Passeggiata mit Ruggero

Flanieren – ein aus der Mode gekommenes Wort, spazieren ohne Ziel, ohne Zeitdruck. Ruggero kann das noch, den Spaziergang, die Passeggiata.

Er ist mein ältester Freund in Venedig, im doppelten Sinn. Jetzt ist er gerade einundneunzig Jahre alt geworden und bis auf die Probleme mit der nachlassenden Hörkraft geht es ihm gut. Ruggero war einmal Schneider, danach Hotelbesitzer und seit einigen Jahren ist er Privatier. Das Schneiderhandwerk hat er mit Freuden ausgeübt – auch für prominente Kunden wie den Grafen Zorzi, guter Geist der jungen Biennale, oder für den Sohn des Komponisten Ermanno Wolf-Ferrari, er war Maler. Und weil er keine Lehrlinge mehr bekam, weil das Handwerk schon in den frühen Sechzigerjahren da und dort dem Tourismus weichen musste, hat er aufgegeben und sich mit dem väterlichen Erbe ein Haus mit kleinem Hotel gekauft.

Dort habe ich immer wieder gewohnt, am Campo Santa Maria Formosa, und habe mich nach und nach mit dem Hausherrn, dem Nachtportier, mit allen hier angefreundet. Wenn ich abends zurückkam vom Bummel, von der Trattoria oder Cantina, oder zumeist von der Piazza, so hat immer irgendein Alberto oder Massimo gewartet, oder Ruggero selbst. Die Flasche Wein stand stets schon bereit – und dann wurde geredet. So habe ich vieles von der Geschichte Venedigs erfahren, das in keinem Reiseführer zu finden ist, habe auch Fragen beantwortet und habe, auch nicht unwichtig, viel gelacht.

Eines Tages kam ich wieder an und spürte im Verhalten meiner Hotelgastgeber eine getragene Feierlichkeit. Ich war pünktlich angekommen, direkt in das Hotel gegangen, ohne Bar-Intermezzo oder Umwege. Ruggero selbst geleitete mich die üblichen zwei Stiegen hinauf, mir folgte der jugendliche Boy mit meinem Gepäck.

Dann machten wir vor demselben kleinen Zimmer Halt wie immer – und Ruggero blickte mich erwartungsvoll an. Sicher, dachte ich, haben sie neu tapeziert oder das Bad hat jetzt goldene Fliesen oder was auch immer. Wir gingen nicht weiter, alle drei. Ruggero gab mir den Zimmerschlüssel, auch wie immer, aber da war ein neuer, schwerer Anhänger dran, und als ich aufsperrte, stand ich in der Tat in einem komplett neu ausstaffierten Raum. Da waren nicht nur die Tapeten tatsächlich neu, auch die Vorhänge der beiden Fenster, da und dort machte sich an der Decke etwas Stuck bemerkbar, wie man ihn nicht nur in Venedig, in Plastik gegossen, kaufen kann. Aber das störte mich nicht, es hat sogar ganz schön ausgesehen. Mein Freund hat eben Geschmack, als einstiger Tailleur.

»Bravo«, sagte ich, »da habt ihr viel Arbeit gehabt!«

Ruggero lächelte und wies auf meinen Schlüsselanhänger. Er war aus Messing, schwer und groß, nicht leicht zu verlieren und auf ihm stand eingraviert: Salone di Gerardo.

Da war ich gerührt. Und so bezahlte ich nun im Monat, was ich sonst für eine einzige Nacht bezahlt hatte. Also kam ich noch öfter hier an, saß noch öfter Stunden nach meiner Heimkehr mit einem der Herren bei Wein und habe noch mehr von Venedig erfahren.

Ruggeros Lieblingsthema ist die Philosophie. Gerade die Deutschen und die Österreicher haben es ihm angetan, allesamt: Husserl, Heidegger, Popper, natürlich auch Freud und Adler. Er

Blick aus meinem Fenster auf den Campo Santa Maria Formosa

spricht nicht Deutsch und so muss er sich manches Zitat und viele Fachausdrücke übersetzen, oder übersetzen lassen. Also habe ich ihm erklärt, was mit »Lebenswelt« gemeint ist, und er hat meine Bildungslücken in der Philosophie geschlossen, teilweise.

Damals, das ist alles lange her, war er ein sogenanntes Bild von einem Mann.

In den besten Jahren, so zwischen fünfzig und fünfundfünfzig. Eines Nachts, es war spät und der ersten Flasche war eine zweite gefolgt, hat er düster vor sich hin gestarrt und blieb still. Nach einigen Minuten habe ich ihn gefragt, ob etwas geschehen sei, ob vielleicht ich ihn geärgert hätte.

In die folgende Stille sagte mein Freund Ruggero mit Bedeutung: »Tutti i miei problemi sono sessuali.«*

Ich war von dem Geständnis überrascht, das hätte ich nun überhaupt nicht gedacht. Und eben waren wir doch noch bei Husserl …?

»Ruggero, also, ich weiß nicht, gerade du …?«

Die Antwort folgte auf Italienisch, wie das ganze Gespräch ja in seiner, nicht in meiner Muttersprache geführt wurde. Aber ich gebe sie hier lieber in deutscher Übersetzung wieder:

»Ich muss immer wieder nachdenken, wie ich aus meinem Haus herauskomme oder wieder hineinkomme, ohne dass meine Frau es bemerkt.«

Das war nicht als Pointe gedacht, war kein Herrenwitzlein, er hat es absolut ernst gemeint.

Vor einigen Monaten haben wir wieder diskutiert, nach langen Jahren.

G: »Meinst du nicht auch, dass Denken alleine nicht genügt? Man erkennt denkend etwas, deutet es, und jetzt geht es erst los, man hat das Ergebnis in seinem Alltag umzusetzen. So sucht man, diese Denkergebnisse in schriftliche Formen, in Aussagen zu bringen und das erst recht, wenn man davon lebt, dass man solche Ergebnisse in Büchern zusammenfasst, erfasst. Und von den eigenen Erfahrungen lernt man am allerbesten, von allem, das man selber erlebt, selber getan hat. Du bist ein Philosoph und deutest die Welt und ich schaffe mir meine eigene Welt, mit meinen Büchern, meinen Inszenierungen.«

Ruggero (mit gütig-nachsichtigem Lächeln): »Ja, ich weiß, du verehrst meinen Landsmann Giambattista Vico, der hat das ja als

---

* Alle meine Probleme sind sexuelle.

einen Kernsatz seiner Philosophie formuliert. Also – wir sind soeben dabei, umzusetzen, lassen den Erkenntnissen Taten folgen. Seit Dezember 2011 ist Italien im Wandel, wieder einmal und Gott sei Dank. In den letzten Jahren, vielen Jahren, hat es eine Demütigung bedeutet, im Ausland unterwegs zu sein. Jetzt haben wir wieder Würde, wir finden wieder zu unserem Stil, wir sind innerhalb kurzer Zeit in einem ganz anderen Zustand.

G: »In so kurzer Zeit …?«

R: »Man hat gewartet, viele haben gewartet, voll Sehnsucht, andere haben gekämpft, wie meine Freunde und ich. Berlusconi und die Seinen haben sich ja aufgeführt wie Despoten, haben nur an sich gedacht, er vor allem, nur an sich. Naja, das hat eben eine Weile ganz gut funktioniert und man hat gedacht, es hätte Zukunft.«

G: »Aber ihr habt den Irrtum und seine Folgen spät erkannt und lange geduldet, ja, ihr habt das alles geschätzt und schließlich gewählt, immer wieder.«

R: »Jedes Volk gerät in Momente, sagt Umberto Eco, da es seinen Verstand verliert. Und dabei denkt er an Mussolini, an Hitler, und er denkt auch an die Wahlen, die Berlusconi an die Macht gebracht haben.«

G: »Du hast Hoffnung, du meinst ihr schafft es? Aus eigener Kraft?«

R: »Da war noch vor kurzer Zeit ein Mann, ein grotesker, skurriler, nein besser: Ein burlesker Mann, der mit ausladenden Gesten, kosmetischen Operationen, sich als der Capitano in der Commedia dell'Arte gab. Die ihn gewählt haben, die vielen – ich kenne auch einige – haben das zum Teil eindrucksvoll gefunden und den Mann für einen wirklichen Capitano gehalten, mit seiner Angeberei und diesen Bunga Bunga Schweinereien. Cavaliere,

Mit Gottfried Kumpf in Venedig

haha, lächerlich, zudem – wer auf sich hält, ist Commendatore, oder noch besser, gar nichts. Siehst du, das ist Italien – die Sehnsucht nach einem starken Mann. Nachdem die Lateranverträge unterzeichnet waren, nach rund sechzig Jahren Krach zwischen dem Papst und Italien, hat Pius XI. gesagt, es sei wohl nötig gewesen, dass die Vorsehung einen Boten sende, und er hat Mussolini gemeint. Hast du das gewusst?«

G: »Nein, habe ich nicht, aber ich habe immer wieder gehört und gelesen, dass sie Mussolini den Mann der ›Provvidenza‹ genannt haben, der Vorsehung, also daher kommt das!«

R: »Gut, und wir hätten uns also hinsetzen können, über den Mann lachen und warten. Aber wir haben zu lange gewartet. Mittlerweile ist die Wirtschaft kaputt, die Stimmung war jahrelang grauenhaft und die Jugend hat keine Arbeitsplätze.«

G: »Und da hast du Hoffnung, Ruggero?«

R: »Habe ich. Ich bin vor acht Jahren schon Mitglied von ›Libertà e Giustizia‹ geworden, wir haben immerhin hier in Venedig vieles ausrichten können. Und wir arbeiten zusammen mit anderen Vereinigungen, hier zum Beispiel mit ›Pro Rialto‹, wir helfen bei der Suche nach einem Arbeitsplatz, wir übernehmen Schulgeld, Ausbildungskosten. Und jetzt nehmen wir eine Grappa.«

Accademia Italiana della Cucina

Mitten im Zweiten Weltkrieg und in ihrer Tendenz gegen die absolut herrschende Ideologie und ihre Kriegsverherrlichung wurde in Berlin 1940 die Komödie »Kirschen für Rom« uraufgeführt, ihr Autor war Hans Hömberg. Die Hauptrolle spielte einer der großen Theaterstars dieser Jahre und Jahrzehnte – Gustaf Gründgens. Er gab einen reichen, römischen Patrizier, der zwar als Feldherr siegreich, aber am eigenen militärischen Ruhm nicht mehr interessiert war. Als Gastgeber jedoch war er schon zu seiner Zeit berühmt, er ist es bis heute – Lukullus.

Der Name ist zum Synonym für die Küche des alten Rom geworden, ja er steht ganz allgemein für Tafelfreude. Das »lukullische Gastmahl« hat den Ruf des Lucius Licinius Lucullus ebenso die Jahrhunderte überdauern lassen wie seine Großtat, die ersten Kirschen aus dem Lande Pontus, aus der Stadt Giresun, nach Rom zu bringen. Die neu entdeckte Delikatesse eroberte in knapp hundert Jahren ganz Europa.

Ein Gastropreis trägt seinen Namen, auch Hotelbetriebe in der halben Welt schmücken sich mit ihm. Ein spezieller Kundenkreis begegnet dem großen Feldherrn immer wieder, wiewohl er sich beim besten Willen nicht für seine wirklichen Leistungen begeistern kann. Es gibt sogar ein Hundefutter Lukullus, weiters auch eine Saatbaufirma und in die Literatur ist der große Genießer nicht nur mit Hilfe von Hömberg und Gründgens eingegangen.

Bertolt Brecht hat das Hörspiel verfasst »Das Verhör des Lukullus«, einen Prozess im Jenseits über die Frage, ob die menschlichen Verdienste oder die militärischen Taten zählen.

Paul Dessau hat aus dem Text Brechts die Oper »Die Verurteilung des Lukullus« geschaffen.

Den bedeutendsten militärischen Gegner des Lucius Licinius Lucullus, Mithridates, kennt die Opernwelt – »Mitridate, re di Ponto«, Libretto von Vittorio Amedeo Cigna-Santi, Musik von W. A. Mozart, Uraufführung am Teatro Regio Ducale in Mailand 1770. Die Handlung basiert auf dem Drama »Mithridate« von Jean Racine und hat nichts mit dem realen Leben des großen Feindes der Römer zu tun. Lucullus hat ihn in mehreren Feldzügen besiegt, hat sein Land erobert und dabei auch die Verwaltung der römischen Provinz Asia reformiert. Er war in seinen Maßnahmen dem besiegten Feind gegenüber maßvoll und menschlich, allerdings brachte er es in diesen Kriegsjahren zu legendärem Reichtum. In Roms Umgebung errichtete er sich nach dem letzten, dem dritten Feldzug gegen Mithridates mehrere Villen und einen Palast im Zentrum, auf einem der sieben Hügel Roms, auf dem Palatin. Die Gastmähler, die Lucullus in diesen Villen gab, brachten ihm seinen Ruf als Feinschmecker ein und die Tat, aus Asien die bis dahin in Rom unbekannte Kirsche mitgebracht zu haben, führte ihn zweitausend Jahre später in die deutsche Literatur. Hömbergs Komödie »Kirschen für Rom« war noch Jahre nach der Uraufführung beliebt und erfolgreich, 1954 spielte man das Stück in Düsseldorf, wieder mit Gustaf Gründgens, und in einer eigenen Inszenierung zum siebzigsten Geburtstag des Bundespräsidenten von Deutschland, Theodor Heuss, der ein besonderer Verehrer von Hans Hömberg war.

Und warum das alles an dieser Stelle? Weil man auch an der

Tafel beim Mahl am Mittelmeer ein gutes Tischgespräch braucht. Und weil die alles durchdringende Kultur Italiens im Laufe von fast dreitausend Jahren auch der Küche nicht nur Ideen und Rezepte, sondern auch zahllose Geschichten und Anekdoten gebracht hat.

Zu den berühmtesten Kochbüchern der Küchengeschichte gehören eines aus der Antike und eines aus dem 19. Jahrhundert, beide aus Italien, beide geprägt vom hohen Fachwissensstand ihrer Zeit.

Das Kochbuch des Apicius ist das älteste erhaltene Kochbuch der Antike – »De re coquinaria – Über die Kochkunst«. In zwei Exemplaren ist es erhalten, eines ist im Besitz der Academy of Medicine in New York, das zweite befindet sich in der Bibliothek des Vatikan.

Der Name Apicius bedeutet nicht den tatsächlichen Autor. Es gab im Rom der Antike mehrere Feinschmecker dieses Namens, das Buch ist eine Sammlung von Rezepten aus verschiedenen Quellen. Wer das »Gastmahl des Trimalchio« oder den Film Fellinis nach diesem Buch kennt, wird sich unter einem römischen Gastmahl eine opulente dekadente Orgie vorstellen. Der Text aus dem 1. Jahrhundert n. Chr. umfasst das bekannteste und längste Kapitel des Romans »Satyricon«, sein Autor war Petronius Arbiter. Das ist eben eine Satire, in der ein zu großem Reichtum gekommener freigelassener Sklave, Trimalchio, als ein klassischer Neureicher verspottet wird.

»De re coquinaria« aber zeigt eine ganz andere römische Küche, in der Groteskes wie »Pfau in Honig« oder »gefüllte Haselmäuse« nicht vorkommen. Rund ein Viertel der Rezepte betrifft Soßen, die für Vielfalt des Geschmacks sorgen.

Das zweite zum Klassiker gewordene Kochbuch hat Pellegrino Artusi verfasst. Er kam 1820 zur Welt und starb mit fast einundneunzig Jahren, was viele Feinschmecker mit Beruhigung zur Kenntnis nehmen werden. Zur Welt ist er in Forlimpopoli gekommen, einer kleinen Stadt nahe der adriatischen Küste, in der Provinz Forli-Cesena. Sein Lebensweg lässt an einen anderen Italiener von Weltruf denken, an Rossini. Hat dieser als Musiker seinen Lebensweg begonnen, bis er sich fast ausschließlich den Freuden von Küche und Keller widmete, so war jener zuerst Kaufmann, dann Dichter und endlich ein ungemein erfolgreicher Gastrosoph. Das Wort gibt es zwar, aber die dazugehörige Wissenschaft wird nicht als solche anerkannt. Ihr erster Vertreter von Bedeutung war Jean Anthelme Brillat-Savarin, vor allem mit seinem Buch »Die Physiologie des Geschmacks«. Und nun erschien, rund ein halbes Jahrhundert später, Artusi. Er hatte als Seidenfabrikant ein Vermögen teils geerbt, teils selbst erworben. Auf weiten Geschäftsreisen kreuz und quer durch die italienische Halbinsel hatte er große Erfahrung, auch im Gastronomischen, gesammelt. Und er war ein Patriot.

So brachte er nun sein Wissen von den verschiedenen regionalen und lokalen Küchen zu Papier und das in Verbindung mit einem zweiten Projekt – der Sprache. Er suchte neue, den Regionen Italiens entsprechende Ausdrücke und ersetzte mit ihnen das vorherrschende Gastro-Französisch. Dass seine Familie schon 1851 – er war erst einunddreißig Jahre alt – mit ihrer Firma nach Florenz übersiedelt war, in das Land der edelsten Form der Heimatsprache, hatte ihn natürlich beeinflusst. Jahre später schrieb er: »Nach der Einigung Italiens erschien es mir als logische Konsequenz, an die Einheit der gesprochenen Sprache zu denken.«

Warum seine Familie die Heimatstadt verlassen hatte und unter welch schrecklichen Umständen, das hatte Artusis Sehnsucht nach einem geordneten Staat nicht nur geweckt, das Erlebnis hatte ihn geprägt.

Ein Bandit namens Stefano Pelloni, geboren 1824, war zuerst zum Mythos der armen Leute geworden – ein Robin Hood der Emilia. Tatsächlich aber war der Brigant, sein nom de guerre war »Il Passatore«, ein blutrünstiger, nur auf materiellen Vorteil bedachter Räuber. In der Nacht des 25. Jänner 1851 überfiel er mit seiner Bande das Theater von Forlimpopoli. Die Gangster bedrohten die Zuschauer, hielten sie in Schach, raubten einen reichen Logenbesitzer nach dem anderen aus – auch die Familie Artusi. Schließlich vergewaltigten sie mehrere Frauen – vor allen Augen. Eines der Opfer war Pellegrino Artusis Schwester, Gertrude. Sie überlebte, aber sie wurde durch das furchtbare Erlebnis verrückt. Die Familie verließ den Ort des Geschehens wenige Wochen später für immer.

Einige Wochen danach entdeckte die päpstliche Gendarmerie den Bandenchef in einer Jagdhütte, er war von einem Komplizen verraten worden. Beim folgenden Schusswechsel wurde Il Passatore getötet. Sein Leichnam wurde auf einem Wagen durch die ganze Romagna geführt und auf allen großen Plätzen ausgestellt, zum Zeichen, dass die Bedrohung ein Ende gefunden hatte. Noch eine Fußnote – der berühmte italienische Fernsehstar Raffaella Carrà hatte den Passatore zum Ahnen, sie hieß mit bürgerlichem Namen Pelloni.

Artusi und die Seinen hatten Forlimpopoli also verlassen. Doch die kleine Stadt hat den großen Mitbürger nicht vergessen. Hier gibt es die Casa Artusi, die sein Andenken hochhält und seiner Idee dient, über hundert Jahre nach seinem Tod. Man hat den

Büste von Pellegrino Artusi auf dem Cimitero delle Porte Sante

hundertfünfzigsten Jahrestag der italienischen Einheit gemeinsam mit dem hundertsten Todestag des großen Küchenweisen begangen. Das Haus, das seinen Namen trägt, ist offen für »Köche und Köchinnen, Amateure, Gastwirte, Feinschmecker, Kinder …«. Die Casa Artusi ist Restaurant, Kochschule, Museum, Veranstaltungszentrum, Weinkeller, Bibliothek. Vierzigtausend Bücher warten hier auf ihre Leser!

Das Grab des berühmten Mannes liegt freilich in Florenz, wo er gestorben ist. Dort ist auch zum ersten Mal das Buch »La scienza in cucina e l'arte di mangiar bene« erschienen, also – »Die Wissenschaft von der Küche und die Kunst, gut zu essen«. Dreißig Jahre zuvor war der König von Italien in Florenz eingezogen, in die Hauptstadt des jungen Königreichs. Sie sollte es nur wenige Jahre lang bleiben. Die landläufige Übersetzung »… Kunst des Genießens« trifft nicht den Kern, denn tatsächlich dreht sich diese Sammlung von Rezepten und von Erlebnissen in Wirtshäusern in ganz Italien ja nicht um den Genuss an sich, es geht eben um Essen und Trinken.

Damit stellte sich Pellegrino Artusi in eine Reihe mit anderen italienischen Patrioten, die ihre Kunst, ihr Wissen, ja ihr Leben dem Ziel widmeten, aus einer beträchtlichen Anzahl von kleinen und mittelgroßen Staaten ein geeintes Land zu schaffen.

Natürlich lässt sich heute, in einem klar definierten Europa, nur mehr schwer begreifen, welche Ziele der Nationalismus des 19. Jahrhunderts verfolgte. Dieser Nationalismus, der seit Napoleons Beutezug durch den gesamten Kontinent erwacht war, führte zu Kriegen, Revolutionen, blutrünstiger Gewalt, zu Katastrophen wie den »ethnischen Säuberungen« im 19. und im 20. Jahrhundert.

Von Ideen, wie sie Russland verfolgte, dem Panslawismus, oder irgendwelchen abstrusen pangermanischen Obsessionen, waren diese italienischen Aktivisten des Risorgimento weit entfernt. Einen »Panromanismus« hat es nicht gegeben. Artusi und seine Mitdenker wollten in einem Land leben, dessen Weg zu bestimmen ihre Sache und nicht die einer bestimmenden Schicht aus einem anderen Kulturkreis, von anderer Sprache war. So stand er also mit seinem Projekt »Küche und Sprache« an der Seite von

Alessandro Manzoni, dem Dichter der »Verlobten«, und ebenso von Giuseppe Verdi.

Das Buch hatte zuerst bescheidenen, bald glänzenden Erfolg. Bis zu Artusis Tod im Jahr 1911 ist es in fünfzehn immer wieder verbesserten und erweiterten Auflagen erschienen. Da gibt es eigene Hinweise auf die Jahreszeiten, ja Monate, wann welche Rezepte am geeignetsten erscheinen, hier gibt es eine eigene Abteilung »Cucina per gli stomachi deboli«, Küche für schwache Mägen.

Es birgt nicht nur eine große Zahl von Rezepten aus allen Landschaften der Apenninen-Halbinsel, der Autor erweist sich auch als brillanter Erzähler. Da werden die Tafelgenossen beschrieben, denen er seine Erfahrungen verdankt, Typen von großer Vielfalt, aus dem Norden und Süden des Landes.

Und diese Vielfalt, der regionale Reichtum, ist es auch, was Italiens Küche prägt, weit mehr als die Tafel anderer Länder. Das ist einer der Vorteile der Jahrhunderte ohne Einheit – die Vielfalt in der Sprache wie in der Gastronomie. So kann es also keine »italienische Küche« geben, nur eine typisch toskanische oder lombardische oder sizilianische. Und dieser Reichtum wird verteidigt – vor allem durch eine Institution, die zu einer Zeit entstanden ist, als von Junkfood oder Fastfood noch keine Gefahr drohte.

Der österreichische Küchenwissenschaftler Christoph Wagner datierte den Beginn dieser Begriffe auf das Jahr 1972, als die New York Times sich mit dem Thema »Schnelles Essen« befasste. »Junkfood« taucht allerdings schon früher in Wörterbüchern auf, etwa um 1960.

Nach dem Zweiten Weltkrieg kam es zu einer Krise in der Gastronomie Italiens.

Wie in Wien das Kaffeehaussterben, das Aufkommen der

neuen Espressos zu düsteren Prophezeiungen des kulturellen Endes führte, so »ertönte der Schmerzensschrei ›Die Küche Italiens stirbt!‹ in allen unseren Regionen«, so liest man es in alten Zeitungsberichten.

Am 29. Juli 1953 traf sich eine große Runde von Freunden im Hotel Diana in Mailand zum Abendessen. Sie alle hatten gesellschaftliches Gewicht, waren erfolgreiche Geschäftsleute, Journalisten, Künstler. So saßen auch ein prominenter Schriftsteller in der Tischgesellschaft, Dino Buzzati, und ein einflussreicher Verleger, Arnoldo Mondadori.

Zusammengerufen hatte sie Orio Vergani, ein Gastgeber von internationalem Ruf. Er entstammte einer Mailänder Künstlerfamilie und er wurde selbst schon als junger Journalist prominent, seine Sportreportagen waren von hoher literarischer Qualität. Mit einem avantgardistischen Theaterstück feierte er Triumphe, Vergani wurde auch berühmt als der »erste Fotojournalist Italiens«.

Aber an diesem Abend im Hotel Diana ging es ihm um ein anderes Projekt, das er schon länger mit sich getragen hatte. Er wollte die bedrohte Küche seiner Heimat retten. Und so gründete er mit seinen Freunden die Accademia Italiana della Cucina.

Sie hat sich zum Ziel gesetzt, die Qualität der Gastronomie Italiens kämpferisch zu bewahren. In ihren Selbstdarstellungen verwendet die Accademia den Begriff »difendere«, also »verteidigen.«

Die Generalversammlung am 30. März 2009 in Sanremo hat die Statuten neu festgelegt. In 29 Artikeln wird festgehalten, welche Ziele auf welche Weise zu erreichen sind. Zweck der Aktivitäten der Accademia ist es, die Tradition der italienischen Küche zu schützen und zu ihrer Verbesserung im In- und Ausland beizu-

tragen. Ein Akademiemitglied darf folgenden Berufen nicht ange-
hören: Koch, Wirt, Restaurantmitarbeiter, Cateringmitarbeiter
oder Cateringunternehmer, Mitarbeiter von Kochschulen.

Das wichtigste Kochbuch, das die Akademie herausgegeben
hat, »Cucina Italiana«, wird in seinem Vorwort noch deutlicher.
Die Menschen heute seien beim Essen gehetzt, dem Pillenwahn
verfallen, dem Diätkult ergeben. Und besonders die Tischgesprä-
che seien gefährdet – »… sprühten diese einst bei den opulenten
Mahlzeiten der Belle Époque von Witz und Geist, so drehen sie
sich heute monoton um ein und dasselbe Thema – was dick
macht und was nicht.«

In der Erinnerung an die Anfänge der Accademia erzählt ihr
früherer Präsident Giovanni Nuvoletti Perdomini von der Ehr-
furcht der Gründer »vor den Traditionen, dem Anliegen, den ver-
schwenderischen kulturellen Reichtum unseres Landes zu verteidigen«. Und er klagt an: »Vor dem Hintergrund der geschändeten
Kulturlandschaften eines verratenen Italien verlor sich allmählich
ein weiterer Bestandteil unseres Kulturerbes, die Gastronomie, in
der pseudo-internationalen Anonymität, die in Gestalt von deka-
denten Fastfood-Produkten, Hamburgern, folienumschweißten
Pizzen nach Wildwest-Manier und explosiven Cola-Getränken
daherkam.« Und in der Tat hat man sich jahrelang mit Erfolg
gegen die »folienumschweißten« Delikatessen von McDonalds zu
wehren vermocht – bis am Ende der Kampf doch, in diesem einen
Fall, verloren und das Lokal eröffnet war – und das ausgerechnet
im historischen Zentrum von Rom, gleich bei der Spanischen
Stiege. Aber der Kampf geht weiter.

Das Vorwort erinnert an den heiligen Thomas von Aquin, der
der Kochkunst den Segen erteilte: »Diese Kunst ist die höchste, sie
nährt die Sterblichen.« Und er zitiert auch den unvermeidlichen

Dante: »Schau, wie zum Weine wird die Sonnenwärme, wenn sie sich mit dem Saft der Rebe bindet.« (Purgatorio 25, 77/78)

Der Präsident wird nicht müde, in seinem einleitenden Essay Italien, die Accademia und ihr vorliegendes Kochbuch zu loben: »Wir haben mit Bescheidenheit die immensen Schätze unserer Küche ausgebreitet, eben jene Schätze, die untrennbar unserem Wesen und also mit unseren italienischen Schätzen und Gebräuchen verbunden sind, geprägt von Einfachheit und Natürlichkeit.« Zuletzt rühmt er die Vielfalt, die wir der Vielzahl der unterschiedlichen Provinzen verdanken: »Denn schließlich sind unsere Provinzen oftmals nichts anderes, als die einstigen souveränen Staaten einer unvergleichlichen historischen Vergangenheit. Souverän auch in allen feinen Künsten des Lebens, in einem Land, voller Vielfalt und Fantasie, das in Geografie und Geschichte immer Klassenbester war … und unter uns gesagt, auch in der Kochkunst.«

Die Accademia Italiana della Cucina sieht sich als eine kulturelle Institution, die an die Zeit vor dem Faschismus anknüpft, an die Ideale des jungen Königreichs, ja die Gedanken Pellegrino Artusis wiederbelebt. Für viele Italiener gilt das Wort Umberto Ecos im Gedanken an die Jahre Mussolinis wie an die Berlusconis und die Wahlergebnisse, die zu den politischen Folgen geführt haben: »Jedes Volk hat einen Moment, da es den Verstand verliert.«

Um ihre Ziele zu erreichen, hat die Akademie sich eine Reihe von Instrumenten geschaffen. Es gibt Wettbewerbe und Auszeichnungen, eine Monatsschrift mit hoher Abonnentenzahl, ein Studienzentrum, eine Bibliothek. In Italien verfügt sie über 212, im Ausland über weitere 77 Gruppen, sie werden Delegationen genannt.

Dank dem Weitblick der Gründergemeinschaft von 1953 und ebenso dank dem seit rund sechzig Jahren ungebrochenen Willen der Mitglieder zur Erneuerung, dem Blick in die Vergangenheit und in die Zukunft, steht die Accademia Italiana della Cucina heute so gediegen, solid, aktiv, angesehen da wie nie zuvor.

Diese Gedanken haben in den letzten Jahrzehnten zu einer Bewegung geführt, die das ganze Land erfasst hat. Für Lebensmittelfälscher setzt es empfindliche Strafen, auch der Weinskandal der Achtzigerjahre hatte positive Folgen. Inzwischen gibt es eine Reihe von Institutionen, die mit der Accademia zusammenarbeiten, eine ganz auf Italiens originale Produkte konzentrierte Lebensmittelkette – Eataly, oder die Accademia del Peperoncino.

Carlo Petrini, ursprünglich Lokalpolitiker in Bra, Piemont, hat mit dem Freundeskreis der »Amici del Barolo« 1986 einen weltweiten Erfolg begründet – die Slowfood-Bewegung. Ihre Aktivitäten richten sich gegen die globalisierte, uniforme Nahrung, nach dem Prinzip des Gründers »Buono, pulito, giusto!«, also »Gut, sauber, gerecht!«

Sie fördert authentische Küche, die sich an den Regionen und den Jahreszeiten orientiert.

Zur Erreichung dieses Ziels hat Carlo Petrini mehrere Bücher verfasst, übersetzt in viele Sprachen. Er hat längst prominenteste Unterstützer gefunden – den Nobelpreisträger Dario Fo, den Sänger Fabrizio De André, den Regisseur Ermanno Olmi, er hat sein Buch »Terra madre« verfilmt.

Mit allen diesen Aktivitäten konnten ihre Initiatoren, ihre Mitkämpfer, tausenden Bauern und anderen Betrieben zu besserem Leben, ja zum Überleben verhelfen, in Italien und in der halben Welt, unter dem Schlagwort »Selbsthilfe«!

Passeggiata II

Zu Jahresbeginn habe ich mit Ruggero wieder einmal den Palazzo Querini Stampalia besucht, gleich hinter der Kirche Santa Maria Formosa, von meiner einstigen ersten venezianischen Adresse nur wenige Schritte entfernt. Die Patrizierfamilie Querini, Nebenlinie Stampalia, hat hier residiert bis zu ihrem Ende.

R: »Und der letzte Giovanni Querini, übrigens von eurem Kaiser Franz in den Grafenstand erhoben, hat bestimmt, dass nach seinem Tod der ganze Palazzo mit dem kompletten Inhalt der Stadt Venedig gehören soll, einer Stiftung. So kann man hier also den Wohnbereich, die Bibliothek, Repräsentationsräume, alles besuchen, mit einer großartigen Sammlung von Kunstwerken.

G: »Er hat alles der Stadt geschenkt?«

R: »Ja, alles. Freilich hatte der Graf Verwandte, aber seine engere Familie hatte sich in den langen österreichischen Jahren mit den neuen Herren arrangiert, sich vielleicht sogar gut verstanden, da war wohl eine Differenz. Solche seltenen Sympathisanten, die Austriacanti, waren wenig beliebt. Einmal hat man sogar den Palazzo belagert und die Bewohner bedroht. Da mag dem Grafen der Spaß an den Mitbürgern abhandengekommen sein.«

G: »Und doch hat er alles diesen Mitbürgern, der Kommune, gestiftet. Wer macht so etwas heutzutage?«

R: »Aber, das gibt es. Auch hier, gerade in Italien, immer wieder. Riccardo Illy, zum Beispiel.«

G: »Der Kaffee-Illy?«

R: »Er hat seiner Stadt Triest jahrelang sein Bürgermeistergehalt geschenkt. Acht Jahre lang war er Bürgermeister, zwei Amtsperioden waren das, eine dritte war nicht erlaubt. Er wurde dann Abgeordneter in Rom, jetzt kümmert er sich wieder vor allem um seine Firma.«

G: »Du kennst ihn? Oder weißt du das alles aus der Zeitung?«

R: »Beides. Ich kenne ihn flüchtig, zweimal die Hand gegeben, im Wahlkampf unserer Region, Friuli-Venezia-Giulia, da ist ja merkwürdigerweise Triest die Hauptstadt. Vielleicht besser für Venedig, hier gibt es ohnehin genügend Wirbel. Ja, und er hat auf sein Gehalt verzichtet, weil er seiner Stadt dankbar war und wohl noch immer ist.«

G: »Was er wohl zu der neuen Regierung sagt?«

R: »Kann ich dir erzählen. Er war ja ein kämpferischer Berlusconigegner. Man hat ihn sich schon als künftigen Herausforderer vorgestellt. Er glaubt sehr an das neue Italien. Und wenn er sagt, wir Italiener haben schon Schlimmeres überstanden, gebe ich ihm recht, denk an den Zweiten Weltkrieg. Und wir haben so vieles im eigenen Land, das mir, das Riccardo Illy Hoffnung gibt. Alleine die Privatverschuldung – sehr niedrig im Vergleich zu anderen Staaten. Wir haben eine Menge unverwechselbarer Industrieprodukte – Möbel, Alta Moda, Autos, Design. Ja, und es gibt auch eine ganze Reihe von Industriellen, die in dieser finanziellen Situation nach Berlusconi mit weit mehr Abgaben einspringen, als sie müssten, auch sie helfen dem Staat in der Not, sind großzügig wie einst die Querini Stampalia. Rund 17000 Unternehmer haben sich in einer Gruppe organisiert und kaufen Staatsanleihen – unter dem Motto ›Wir bezahlen unsere Schulden selbst.‹ Gehen wir.«

G: »Augenblick, noch eine Frage. Also, die neue Regierung hat vor allem einen Schuldenberg übernommen?«

R: »Ja, auch, und andere Folgen. Sie hat die Verschiebung der moralischen Werte, was heißt, sie hat das Ende der moralischen Werte zu besiegen. Was sich da nun fast zwei Jahrzehnte lang getan hat, das hätte man ja nicht für möglich gehalten. Viele, gerade der Jungen, haben gedacht, das sei eben ein moderner Weg zu leben, und wenn man bei der Unwahrheit erwischt wird, behilft man sich mit einer neuen Lüge.«

G: »Ja, wenn der Regierungschef sich alles erlaubt, mit Geblödel sich über die selbstverständliche Kultur, ja die Zivilisation hinwegsetzt …«

R: »Aber auch das werden wir in den Griff bekommen und auch diese ganze neu aufgekommene, wieder aufgekommene Korruption. Zum Glück gibt es bei uns auch viel Gutes.«

G: »Wie die italienische Küche. Die hat mich schon in allen möglichen Weltteilen gerettet, New York, Kapstadt, Edinburgh, das ist ja auch ein Wirtschaftsfaktor, mit allen dazugehörigen Produkten, den hundert Sorten Pasta, den Sugoerzeugern, Bardolino, Pinot grigio, Parmesan, Prosciutto …«

R: »Hör auf. Appetit habe ich auch so. Jetzt gehen wir zum Abendessen – es mag dich erstaunen – in ein italienisches Restaurant.«

DIE MÄRKTE

Märkte gibt es überall, und in vielen Dörfern und Städten sind sie der Stolz der Dörfler und Städter, der Geheimtipp für den Touristen, überhaupt am Mittelmeer! Aber auch der Christkindlmarkt in Nürnberg oder der Fischmarkt an der Elbe in Hamburg, die Markthalle in Budapest oder der Naschmarkt in Wien – das will man kennenlernen, davon kann man dann erzählen.

Ich trete nun unweigerlich in ein Fettnäpfchen mit großem Durchmesser. Die schönsten Märkte erlebt man in Italien.

Allein in Rom! Das Angebot in seiner Vielfalt!

Der wahrscheinlich bekannteste Markt neben dem Campo de' Fiori, auf den wir später kommen wollen, ist der Markt an der Porta Portese.

Da findet man so ziemlich alles, aber kaum Lebensmittel. Hier gibt es Haushaltsartikel, Bücher, Kleidung, Gebrauchtes, alles nur Mögliche – und eventuell auch, was der Mensch schon seit Tagen entbehrt. Man kann mit etwas Geschick und gegenseitigem Vertrauen wiederfinden, was man sehnsüchtig gesucht hat, weil es auf die eine oder andere Weise abhandengekommen ist. Vertrauen ist ja überhaupt die Basis der Wirtschaft, also auch hier. Zwei Beispiele:

Ein deutscher Reisebus macht Station, für einige Tage. Die Insassen, der Chauffeur, beziehen ihr Hotel, und alles ist in Ordnung. Am Tag vor der Abreise will der Reiseleiter sich etwas aus dem Gepäckraum holen – und stellt erstaunt fest, dass der große Bus aufgebockt dasteht und dass ihm sämtliche Reifen fehlen.

Es handelt sich um einen Reiseleiter mit Erfahrung. So rennt er also nicht kreischend in die Hoteldirektion und ruft die Polizia Comunale, er lehnt sich an die Bar und erzählt, er suche Autoreifen, Busgröße. Ja, meint der Barkeeper, das sei doch kein solches Problem. »Doch«, antwortet der Reiseleiter, denn die betreffende Dimension der Reifen sei eine seltene. Dann zur Porta Portese, rät der Barista. Dort könne man ja tatsächlich alles finden, freilich nur sonntags. Also geht man hin, fragt ein wenig, ob denn nicht irgendjemand gerade solche Reifen habe, wird fündig, erwirbt die Autoreifen um einen zudem recht günstigen Preis, alles ist wieder in Ordnung.

Zweites Beispiel: Der Bus aus Tirol mit einer großen Blaskapelle, die zu einer Feier nach Rom eingeladen war, hatte keinen Reifenverlust zu beklagen. Man hatte auf der Straße vor dem Hotel geparkt, der Fahrer verbrachte die Nacht an seinem Arbeitsplatz.

Am Morgen war alles da, auch der Anhänger. Nur die Instrumente fehlten, die gestern noch im Anhänger gewesen waren. In diesem Fall hatte der Reiseleiter keine einschlägige Erfahrung, er hatte auch noch nie von der Porta Portese gehört, zudem war der nächste Sonntag noch weit, also – Geschrei, Polizei, Anzeige, und die Instrumente waren verschwunden auf ewig. Freilich lassen sich auch leichter Interessenten für Flügelhörner und Basstuben finden als für Busreifen seltener Dimension, an der Porta Portese wie überall.

Das kann natürlich auch ganz anders vor sich gehen. Auf das Klischee soll man sich nicht verlassen. Ich habe einmal den Freund Peter Weck, der mich in Todi in Umbrien besucht hatte, zum Flughafen Leonardo da Vinci gebracht. Wir waren früh dran, Mittag war nahe, der Freund, Gourmet, lud ein, ich ließ mein

Auto am Stadtrand und wir nahmen ein Taxi zu einem Hotel mit bekannt gutem Restaurant. Angekommen, niedergesetzt, den Aperitif bestellt – und aus war es mit der Ruhe. Mein Gastgeber hatte das Taxi bezahlt und dabei die Brieftasche verloren, mit Kreditkarten, Flugticket, Geld.

Mit wenig Hoffnung ging ich zum Portier. Ich kannte nur die Telefonnummer des Taxiunternehmens, die steht ja auf jedem Wagen dieser Kette. Der Portier blieb ruhig, hat die Taxizentrale angerufen, kurz, nach zehn Minuten war unser Taxi wieder da, mit Brieftasche, Kreditkarten, Flugticket, Geld. Das Mittagessen hat uns dreimal so gut geschmeckt. Viva l'Italia.

Der Campo de' Fiori ist ein echter Markt, keiner mit gebrauchter Kleidung und gestohlenen Autoreifen. Er hat in Roms Geschichte eine berüchtigte Rolle gespielt. Das war der Ort, an dem die Kirche sich gerächt hat. Die Inquisition hat an dieser Stelle oft zugeschlagen. Hier wurde am 17. Februar 1600 der Philosoph Giordano Bruno als Ketzer verbrannt, er hatte die Rolle des Papstes infrage gestellt. Sein Denkmal dominiert den alten Platz, der im antiken Rom ein Pferdemarkt war.

Heute findet man hier, wie man es entsprechend dem Namen erwartet, auch Blumen, aber vor allem alles, was die Küche Roms bietet. Aber man kommt so gerne auf den Campo, in erster Linie, weil er so schön ist.

Gerade die Römer kommen gerne hierher und kaufen ein, die Touristen kaufen kaum und schauen lieber. Man kocht ja nicht selbst im Hotelzimmer. Außerdem ist das ein recht kostspieliger Markt, es lässt sich in Rom günstiger einkaufen – aber nicht schöner, und das ist es eben. Und dann – es gibt rund um die Verkaufsstände viele kleinere und größere Lokale, Bars, Restaurants. Hat man sich entschlossen, eine kleine Wohnung zu mieten, eine Zeit lang zu bleiben, herzliche Gratulation, so wird man schnell in der näheren Umgebung einen günstigeren Markt finden, jeder Stadtteil hat nicht nur einen.

Und wem der Bummel bei leisem Regen oder überhaupt im Freien nicht so angenehm ist – es gibt ja auch gedeckte Märkte, wie den an der Piazza Alessandria, Glas, Stahl, Jugendstil.

Solche gedeckten Märkte finden sich in Italiens Norden und Süden und sind oft ein Grund für einen Umweg. Allerdings, auf so kultivierte Weise wie in Padua wird man schwer woanders einkaufen. Man fühlt sich wie in der Wiener Staatsoper, was die Architektur betrifft, und im siebenten Himmel eines Kochs, was das Angebot betrifft.

Die Palazzi della Ragione gehörten zu den stehenden Einrichtungen vieler Städte Italiens, auch kleinerer. Sie waren im weiteren Sinn Verwaltungsgebäude, ursprünglich Sitz der Comune, aber sie bekamen nach und nach auch andere Aufgaben. Paduas Palazzo della Ragione ist einer der Stars seiner Gattung.

Er wird von zwei Plätzen flankiert, deren Namen schon ihre Funktion anzeigen – Piazza delle Erbe und Piazza dei Frutti, Kräuterplatz und Früchteplatz. Vom Montagmorgen bis zum späten Samstagnachmittag lässt es sich auf diesen Plätzen und in dem Palazzo selbst einkaufen, wie kaum sonst wo im oberen Italien. Am Morgen kommen Bauern, Blumenhändler, Gemüsezüchter, bauen ihre Waren auf und damit ist schon ein wesentliches Element dieses Marktes geschaffen – die Schönheit, Buntheit, Vielfarbigkeit. Dieses Schauspiel wiederholt sich Tag für Tag, Morgen für Morgen. Und dann – das Angebot!

Gemüsesorten, die man in anderen Ländern nicht findet, machen hier einander Konkurrenz, in unübertrefflicher Qualität. Ob man Spargel sucht oder Kartoffeln, die noch tatsächlich

Geschmack haben, jung, winzig, man wird sie nicht schälen, oder Artischocken, alles gibt es. Als man etwas weiter im Norden Topinambur vielleicht noch für ein Musikinstrument gehalten hat, wurde in Padua damit Suppe oder Püree gemacht. Fenchel, Zucchiniblüten, Auberginen, alle Sorten von Sellerie, Radicchio, Mangold, Romanesco – eine Karfiolart, Pilze, Karotten jung und zart, groß und kräftig in der erwarteten Farbe – und in Blau. Alles gibt es. Das ist ja auch nicht zu verwundern in einem Land mit einer Accademia Italiana del Peperoncino, einem Festival des Peperoncino.

Das gehört nun nicht zum eigentlichen Thema Markt, aber in solch einer Liebeserklärung muss es sein. Der Bau, die Basilica selbst, noch ohne jedes Gemüse – das war einst ein Weltwunder und wer nicht verlernt hat, zu staunen, sieht es auch heute so.

Der Salone, das erste Geschoß also, ist ein Wunder der Statik, 81 mal 27 m, dazu 27 m hoch – und keine Säule, die die nächste Etage, das Dach stützt. Der Salone ist von Wänden umgeben, die voll prachtvoller Fresken sind, und er birgt ein merkwürdiges Wesen aus dem 15. Jahrhundert – ein Pferd. Dieses riesige Holzross hat Graf Annibale Capodilista in Auftrag gegeben und bezahlt – ein Preis in einem Wettbewerb um 1466. Um weitere Details mag sich der Reiseführer kümmern.

Von Padua nach Vicenza ist es nicht weit, beide Ziele liegen an der Autobahn nach Mailand. Wer die Basilica von Padua nun kennt – der Begriff ist klar zu unterscheiden von der Basilica der Katholischen Kirche, vom Papst zu dieser Ehre erhoben – mag sich auf die Schwester in Vicenza freuen. Hier steht die Basilica des Andrea Palladio – aber diese ist kein Markt und war es auch niemals. Doch im Zusammenhang mit dem Thema muss man dieses unglaubliche Bauwerk erwähnen. Errichtet zwischen 1549 und 1614, steht der Bau auf den Grundfesten eines Vorgängers, der zum Teil eingestürzt war. Die Reste musste Palladio einplanen. Das ist ihm – bei seinem ersten Auftrag – auf derart glänzende Weise gelungen, dass er ab da ein gemachter Mann war. Nun kamen Aufträge in großer Zahl. Vicenza, Heimatstadt des Architekten, hat das Glück, mehrere seiner wichtigsten Bauten zu besitzen. Mit der Basilica, dem Palazzo della Ragione, dem Rathaus von Vicenza, hat Palladio sich in die Architekturgeschichte eingetragen.

Einem Markt, wie in Padua, dient das Gebäude also auch heute nicht. An mehreren Wochentagen erstreckt sich der Markt nahe dem Domplatz durch die Gassen, aber er ist im Gegensatz zu vielem anderen in Vicenza nicht bemerkenswert.

Vicenza und Padua zählten einst zum Machtbereich der Serenissima. Venedig ist nahe, und dort gibt es mehrere Märkte, klassische und spezialisierte, die alleine ein Grund für einen Umweg wären.

Nahe dem Rialto, auf beiden Seiten der Brücke, findet man Krawatten, Halstücher, Gemüse, Obst, Brot, Lederwaren und auf dem Rialto selbst allen möglichen Schmuck. Aufregend wird es in der Nähe, am Fischmarkt – der aber, mit seinen beiden Hallen, ist weltbekannt, man muss ihn nicht anpreisen und nicht beschreiben.

Einen anderen Markt kennen weit weniger Touristen, wohl aber alle einheimischen Kenner, die deshalb von weither nach Venedig kommen. Der mercatino dell' antiquariato am Campo San Maurizio. Hier gibt es mehrere Bauten von Bedeutung. Da ist vor allem die Kirche, die dem Platz den Namen gibt, erbaut 1806, somit eines der seltenen Beispiele für Klassizismus in dieser Stadt. Im Palazzo daneben hat einst der Dichter Giorgio Baffo gewohnt, er hat eine große Rolle im Leben des jungen Giacomo Casanova gespielt.

An ihn erinnert eine Gedenktafel und eine zweite am selben Haus lässt an Alessandro Manzoni denken, der doch Italien mit seinen »Promessi sposi«, im Deutschen »Die Verlobten«, zu einer einheitlichen Hochsprache verholfen hat.

An insgesamt vier Wochenenden des Jahres, in den Monaten April, Juni, September und Dezember, bringt der mercatino dell'antiquariato Sammler, Touristen, professionelle Händler, Kenner, auf diesen Campo. Es lohnt sich, die Termine dieses Antiquitätenmarktes in den Kalender einzutragen. Hier sind einfache, nicht kostspielige Kleinigkeiten – Statuen, Schüsseln – ebenso zu finden wie Möbel, wertvolle alte Kleider und Kostüme, natürlich Bücher und Stiche, Zeitungen und Bilderrahmen und Spielzeug. Ich habe diesen Markt immer wieder besucht und etliche Illustrationen meiner Venedig-Bücher hier gefunden.

Die Lagune durchqueren mit Vaporetto, Bus und schließlich Fähre, über den Lido und Pellestrina bis Chioggia und dann erst einmal Station machen und den kleinen Platz mit der schönen Hotelfassade und der Brücke auf sich wirken lassen, eventuell ist auch schon tempo di aperitivo, also bleibt man ein wenig sitzen und schaut aufs Meer … Wenn man das zur rechten Zeit am Morgen macht, hat man ein besonderes Erlebnis. Die Fischer fahren aus, manche in ihren traditionellen, bunten Schiffen. Und wenn man ein paar Stunden wartet, kann man die Boote wieder heimkehren sehen. Jetzt, denkt der Laie, ist des Fischers Arbeit getan – falsch, sie geht noch lange weiter. Denn nun bringt der Glückliche seinen reichen Fang auf den Markt, und hier darf nur er verkaufen, nicht seine Frau. Wie sehr das heute noch ernst genommen wird, ich weiß es nicht, aber angeblich bringt es Unglück, wenn die Frauen die Fische angreifen. Kaufen dürfen sie sie, das ja, aber den Fang ihrer Männer an Land bringen, zum Kauf vorbereiten, das nein. Vielleicht sind sie ja ganz froh darüber.

Jedenfalls kommen nun Fische und Fischer und Meeresfrüchte auf dem Markt an – und der ist bemerkenswert. Er ist der größte Fischmarkt Italiens und einer der schönsten. Zwischen hohen Toren dehnt sich ein Sonnendach, das sein rötliches Licht auf die Verkaufsstände mit ihren Steintischen wirft, mit dem Fang der Chioggiotti von heute am frühen Morgen. Anderes darf hier herinnen nicht angeboten werden – und so sitzen kleine Buben, die ihre Comic-Hefte verkaufen möchten, und Vertreter ähnlicher Kommerzgruppen vor den Toren. Die Stützen, von denen aus sich das Sonnendach spannt, haben allesamt ihre Bewohner – Möwen, die unbeweglich den Vena-Kanal vor Augen auf die Möglichkeit einer Fischjause lauern. Man muss sie länger beobachten, um sicher zu sein, dass diese Möwen nicht Teil eines Architekturkonzepts und Produkt einer Gipserei sind.

Eigentlich den ganzen Tag über, vor allem aber gegen Abend empfiehlt sich der Corso del Popolo, die Hauptstraße. Andenkenhändler – mit kleinen Holzschiffen alla Chioggia, hergestellt in China – ein Pfeifenerzeuger, Malerstudios und viele kleinere und größere Lokale geben der Stadt jenen Eindruck von geballtem Leben, den auch Carlo Goldoni geschätzt hat. »Krach in Chioggia« heißt sein Theaterstück im lokalen Italienisch, Goethe hat es gesehen und hat sich sehr amüsiert, in Giorgio Strehlers Regie wurde es noch einmal zu einem Welterfolg.

Und so sitzen die echten Chioggiotti mit den temporären – es gibt hier einige gute Hotels – am Corso und debattieren. Curzio Malaparte hat diesen breiten Straßenzug ein riesiges Freilichtcafé genannt.

Dort bin ich wieder einmal gesessen, jemand hat, wieder einmal, diese Charakteristik des Corso durch Malaparte zitiert – und ich habe einen anderen kurzen Text desselben Dichters erwähnt. Man macht so etwas gerne, um zu zeigen, dass man nicht nur »O sole mio« kennt:

»Sorge il sole, canta il gallo, Mussolini monta a cavallo.«

Großes Gelächter! Man ist in der Runde nicht ganz sicher, ob Curzio Malaparte sich über den Duce lustig gemacht hat – oder ob er das noch in der Zeit seiner Verehrung für den Faschismus geschrieben hat:

»Die Sonne geht auf, der Hahn kräht, Mussolini besteigt sein Pferd.«

Einer der Herren, es waren nur Männer in der Runde, bat mich, doch am nächsten Morgen, vor meiner Weiterfahrt in den Süden, in seinem Geschäft, gleich hier, vorbeizukommen, er habe etwas für mich.

Also ging ich am nächsten Morgen in die Kunsthandlung neben dem Hotel – und bekam ein Spielzeugpferd mit einem Reiter: Mussolini mit dem sogenannten Römischen Gruß, Vorsicht, nicht mit dem Hitlergruß! Er sieht auch anders aus. Meine Sammlerfreunde haben mir dann erklärt, ich hätte da etwas besonders Wertvolles geschenkt bekommen – der Schimmel vor allem stehe in ihren Kreisen in hohem Ansehen. Da die rechtliche Lage ganz anders ist als ihre Entsprechung, was die nationalsozialistische Wiederbetätigung betrifft, und da ja sogar auch noch heute in Rom, am Tiber, eine Säule steht, die dem Duce gewidmet ist, wie man auf ihr lesen kann, stelle ich hier mein Geschenk aus Chiog-

Pinocchio bringt Mussolini den Römischen Gruß bei

gia vor. Allerdings habe ich Pferd und Reiter mit einem Pinocchio kombiniert, der dem Duce soeben den Römischen Gruß beibringt.

Sizilien ist in vielem das deutlichere Italien. Alles ist bunter, signifikanter, und wer zuerst die Insel und danach die Halbinsel Italien kennenlernt, mag sich wundern. Goethe in der »Italienischen Reise«: »Italien ohne Sizilien macht gar kein Bild in der Seele, hier ist der Schlüssel zu allem.«

Wenn auch die Liste mit dem Titel »Hier irrt Goethe« gar nicht so kurz ist, meistens hat er ja doch recht, in diesem Falle ganz sicher. Die Neigung des Landes zu Prunk und Glanz wird hier noch deutlicher. Der Feuilletonist und Journalist Luigi Barzini hat gesagt: »Die Schlauheit der Sizilianer ist tatsächlich so mächtig, dass immer schon ein Teil davon nach außen exportiert werden musste.«

Der Mailänder Barzini lobt ihre Fähigkeit, »eine Situation im Handumdrehen zu erfassen«, und dass sie auf diese Weise »die Italiener des Festlandes oft ebenso leicht zu verwirren vermögen wie die kontinentalen Italiener die Ausländer aus dem Norden Europas«. Dass man in dieser Region also mit Handel und Handeln besonders gut umzugehen weiß, ist kein Wunder.

Und dass man auf der Insel wunderschöne Märkte finden kann, ist also auch nicht zu verwundern. In Noto, ein Beispiel, das gerade nach Jahren des erschreckenden Verfalls wieder auflebt, gibt es zwar auch einen berühmten Töpfermarkt, aber vor allem den Bauernmarkt inmitten des prächtigsten Barock – ein Weltkulturerbe der UNESCO. Aus Steinbrüchen in der Nähe kam und kommt heller Kalktuff, der den Bauwerken so einen liebenswürdigen Eindruck von Leichtigkeit gibt. Die heroische Genickstarre, die den Betrachter eines gotischen Kirchturms erfasst, erspart man sich hier.

Palermo hat gleich mehrere Märkte, die absolute Sehenswürdigkeiten sind. Dass sie etwas von arabischen Suks – oder Suqs oder Souks oder anders, Basar – haben, den großen Märkten in Nordafrika oder Syrien, mag man sich mit der Vergangenheit erklären. Auf die kommen gerade Norditaliener immer wieder zu sprechen, wenn sie Sizilien zu beschreiben versuchen. Da kommt dann auch schnell das altgediente Späßlein »Die Sizilianer sind die einzigen Araber ohne Öl«.

Öl gibt es hier sehr wohl und auch im Kanister – prämiertes hervorragendes Olivenöl. Es wird fast überall auf der sonnendurchfluteten Insel gewonnen, rund um den Ätna, in den Monti

Iblei, in der Provinz Ragusa. Das ist eines der Angebote, die für den Gast aus dem Norden noch als landestypisch zu begreifen sind.

Anderes an Palermos Märkten erinnert mehr an das arabische Erbe. Eine Delikatesse gibt es, die sofort in die Erinnerung an Nordafrika führt – Cannoli. Süß, mit kandierten Früchten, wie ein Dessert im nahen Ägypten, schmeckt das.

Zwischen diesen und anderen typisch sizilianischen Delikatessen gibt es Paradeiser aller Art, also pomodori, und an fast jedem Stand den finocchietto, wilden Fenchel, oder die aus ciceri, Kichererbsen, gemachten panelle.

Berühmt war der Markt La Vucciria schon immer, aber alte Palermitaner erinnern sich voll Wehmut an seine Vergangenheit. Das sei ja viel schöner gewesen, jetzt sei das eher ein Ziel für Touristen.

Der Markt ist der älteste der Stadt, und auch wenn ich gerne glaube, was man mir erzählt – es ist wie in vielen anderen Städten. Was noch immer da ist, macht Freude, auch wenn es »lange nicht mehr so ist, wie es war …«. Zu Zeiten Tomasi di Lampedusas, Leonardo Sciascias, Luigi Pirandellos habe ich noch nicht, oder fast noch nicht, gelebt. Mir gefällt es hier sehr.

Wenn man sich von diesen vielen Eindrücken vielleicht nur an weniges erinnert, den Lärm wird man nicht vergessen. Ganz anders als auf den Märkten im Norden der Halbinsel wird hier marktgeschrien auf Kunde komm raus.

Sizilien also ist in jeder Hinsicht anders als der Norden, dichter, bunter, und neben den soeben genannten und beschriebenen Märkten gibt es noch die vielen, vielen an den Markttagen der kleineren Orte, und die Märkte von Cefalù, von Capo d'Orlando, von …

Neapel kann sich auch einiger wunderbarer Märkte rühmen, aber ich kenne sie zu wenig, als dass ich sie hier im Detail rühmen könnte. Gut kenne ich die Museen, den Hafen, das angeblich gefährliche Viertel rund um den großen Bahnhof. Man geht von da in Richtung Dom, es ist nicht weit, in die Via San Gregorio Armeno. Dort lässt sich auch erwerben, was man am Markt finden kann – Fleisch, Fisch, Gemüse, und alles hält ewig und hat kein Ablaufdatum.

Aber besonders der Freund der Krippentradition wird hier fündig – natürlich gibt es das Christuskind und die Krippe, die Heilige Maria, die Heiligen Drei Könige, den Nährvater Josef –

und alles, was dieser zu seiner Arbeit als Zimmermann benötigt, in verschiedenen Größen. Und hier gibt es in den Werkstätten und Geschäften auch die spaghettikochende Hausfrau, die Bettler, Straßenmusikanten, den Pizzabäcker, Haushaltsgegenstände jeder Art, und wer sich einen kleinen Berlusconi für sein Krippenpersonal wünscht, hier findet er ihn. Das Geschäft an der Hausnummer 42 bietet ebenso ihn an, wie auch andere geschnitzte Politiker.

Das Museum von San Martino, Museo Nazionale di San Martino, behütet eine umfangreiche Sammlung neapolitanischer Krippen. Wem der Weg bis Neapel zu weit ist, der kann auch in Rom eine gerühmte Krippe mit vielen Figuren besuchen, in der Via dei Fori Imperiali, zwischen Colosseum und Piazza Venezia.

Ein einziges Marktziel will noch unbedingt beschrieben sein – die Region, die für die Nordländer als Inbegriff des Landes, »wo die Zitronen blühen«, gilt, die Toscana. Mag auch Umbrien grüner sein, Sizilien wenigstens genauso fruchtbar, dieser Teil Italiens hat den Ruf einer Art Schlaraffenland voll Milch und Honig.

Lucca ist in vieler Hinsicht ein Anlass für einen Jubelschrei »Viva l'Italia«. Man begegnet der Stadt auch in diesem Buch immer wieder. Sie wird aus vielen und sehr unterschiedlichen Gründen gerühmt.

Da sind zuerst die komplett erhaltenen Mauern – sie geben dem ankommenden Besucher schon einen allerersten großartigen Eindruck. Sie umarmen mit ihren vier Toren das historische Zentrum seit dem frühen siebzehnten Jahrhundert. Ein von Bäumen gesäumter Weg lädt die Spaziergänger ein, Lucca von oben kennenzulernen. Wenn man an der Piazza Santa Maria angekommen ist, sollte man den Weg unterbrechen, absteigen vom

Mauerkranz, und über die Via Fillungo zur Piazza Anfiteatro schlendern.

Die ovale Form des Platzes ist erhalten, auch eines der vier Tore ist original römisch. Der Bau hingegen hat sich nach und nach verwandelt. Nach dem Fall Roms haben sich die Menschen das Baumaterial für ihre Behausungen allenthalben aus den ehemaligen Verwaltungsgebäuden, Palästen, Tempeln geholt. Aber während andernorts die Amphitheater mehr und mehr verschwunden sind, hat man sich hier die Mauern und Gänge und Treppen zu eigen gemacht, hat sie zugebaut, und aus dem Theater wurde eine Wohnanlage. In ihr findet ein Gemüse- und Blumenmarkt statt, den zu besuchen sich lohnt.

An jedem dritten Wochenende wird Lucca zum Zentrum der Sammler von Antiquitäten. Rund um den Dom, in allen Gassen und Straßen, vor allem in der Via del Battistero, stehen die Verkaufsstände mit ihrem vielfältigen Angebot. Der Markt wird von

Kennern gelobt als die Nummer zwei in der Region, die Nummer eins gehört natürlich der Hauptstadt.

Die Piazza dei Ciompi in Florenz empfängt ihr Publikum Tag für Tag zum mercato delle pulci, dem Flohmarkt. Florenz war ab 1861 die Hauptstadt Italiens, bevor Rom zehn Jahre später diese Rolle übernommen hat. Dieser Markt birgt Zeugnisse der großen Vergangenheit: Es gibt neben den üblichen wenig wertvollen Kleinigkeiten auch viel Interessantes, historische Zeitschriften, Holzstiche, Kupferstiche, Bücher, Münzen, Militärisches.

Dem schönsten Markt der Stadt soll diese letzte Stelle der langen Aufreihung italienischer Märkte gelten – der Markthalle aus dem Jahr 1874. Der Mercato Nuovo ist nicht der »Neue Markt«, er wurde 1547 erbaut und dient heute dem Souvenirhandel. Der Mercato Centrale hingegen befindet sich mitten im Straßenmarkt von San Lorenzo, er ist ein Zeugnis der Technikbegeisterung dieser Jahrzehnte. Er wurde in der Metallbauweise errichtet, die damals quer durch Europa Erfolg hatte.

Auf zwei Etagen finden Köche und Feinschmecker alles, was sie ersehnen: unten Fisch, Fleisch, Olivenöl, Milchprodukte und oben Gemüse, Blumen und Obst, im Herbst auch Trüffeln und Pilze. Aber eben in derartiger Qualität und so großer Auswahl, dass man zuhause davon erzählt – da gibt es eben nicht einfach größere und kleinere Paradeiser, da findet man Kirschtomaten und Fleischtomaten, Flaschentomaten und Rundtomaten und Liguria und Ingegnoli gigante liscio und – also einfach alles, was Italien zu bieten hat.

Von auch nur annähernder Vollständigkeit kann bei diesem Thema natürlich keine Rede sein. Aber wenn ich auf dieses oder jenes aufmerksam machen konnte und etwas Vorfreude erzielt habe, dann ist der Zweck dieses kurzen Kapitels ja erfüllt.

Il Volontariato

Das heißt freiwilliger Dienst. Es bedeutet nicht etwa einfach Freiwilligkeit, das hieße Volontarietà. Es sagt auch nicht nur aus, dass jemand ein Amt ohne Gegenleistung ausübt. Das Volontariato ist in vielen Jahren zu einem ganz eigenen Begriff gewachsen. Hunderttausende Italiener wirken daran mit, auf verschiedenste Weise. Sicher, das gibt es auch in anderen Staatsgemeinschaften und auch in Italien sind Freiwillige im Einsatz für ihre Mitbürger, im Naturschutz, bei Naturkatastrophen, in Rettungsgesellschaften. Darüber hinaus aber wird hier auch auf ganz anderen Gebieten geholfen.

Migranten haben es nirgendwo einfach, auch hier nicht. An ihrer Integration wirken aber in den Städten der Halbinsel unzählige Junge mit, sie geben Italienischunterricht, sie verschenken Nachhilfestunden für ihre Mitschüler, sie musizieren gemeinsam, sie spielen mit ihnen in Theatergruppen.

Volontariato bedeutet neben der allgemeinen Definition eine große Anzahl von organisierten Gruppen, denen gemein ist, dass sie da einspringen, wo der Staat es nicht kann oder nicht will, dass sie keine parteipolitischen Ziele verfolgen und keine Entschädigung erhalten.

In speziellen Gruppierungen werden spezielle Ziele verfolgt – »Aiutare i bambini« etwa – Kinderbetreuung, wo Mangel an Kindergartenplätzen besteht; Feste für Kinder, deren Eltern für Geburtstag oder Weihnachten kein Geld haben.

Oder in Rom – Sant'Egidio. Das ist eine Gemeinde, die ihre

Aktivität im Jahr 1968 aufgenommen hat, zuerst, um den Armen in den Randgebieten Roms zu helfen. Sie hat ihren Ursprung in der Pfarre und dem ehemaligen Kloster Sant'Egidio in Trastevere, und von hier hat sie mittlerweile in die ganze Welt gefunden. Der Grundgedanke besteht im Leben anhand des Evangeliums, das man nicht umsetzen kann, ohne an die Armen zu denken. »Freundschaft mit …« ist das Schlagwort, unter dem die vielen und vielseitigen Aktivitäten der Gemeinschaft stehen – Freundschaft mit Kindern, Freundschaft mit einsamen alten Menschen, Freundschaft mit Armen, Freundschaft mit Obdachlosen … Die Armenküche in der Via Dandolo schenkt Tag für Tag 1.800 Menschen ein warmes Mittagessen, die Gemeinde übernimmt Behördenwege, hat eine Leihbücherei organisiert, richtet für Mitbürger ohne festen Wohnsitz Postfächer ein.

Der kleine Hof des Klosters ist zum internationalen Begegnungszentrum geworden, hier saßen einander schon Politiker aus krisengebeutelten Ländern gegenüber, die auf die Begegnung mit Mächtigen und eine Konfliktlösung gehofft haben – Kongo, Uganda, Ruanda, und die US-Außenministerin Albright, ihr französischer Kollege Védrine, Michail Gorbatschow und viele andere. Versöhnungsgespräche, Konfliktvermeidung, das sind Ziele von Sant'Egidio und sie haben deutliche Folgen. Der Jahrzehnte dauernde Bürgerkrieg in Mosambik hat dank Sant'Egidio ein Ende gefunden. 27 Monate lang haben die Verhandlungen gedauert, die Kontrahenten trafen sich in Trastevere. Extreme, schwer zu erschütternde Meinungen auf beiden Seiten mussten bewältigt werden. Das Ergebnis, der Friede, hat die Welt beeindruckt. Die Gemeinde ist für den Friedensnobelpreis vorgeschlagen worden, ihr Gründer, Andrea Riccardi, hat in Aachen den hoch angesehenen Karlspreis erhalten.

Die Gemeinde hat sich in den langen Jahren weit über das kleine Trastevere hinaus entwickelt, es gibt ein deutsches Zentrum, sie besteht in San Salvador, Kamerun, Belgien, Ukraine, Indonesien, in dreißig Staaten insgesamt.

Italien bestand seit dem Ende des Römischen Reichs aus vielen winzigen einzelnen Staaten und Stadtstaaten. Strukturen, die nun alles für sich einrichten mussten, das ihnen zuvor die kaiserliche Macht aus Rom oder später auch aus Byzanz geschaffen hatte – Militär, Beamte, Gerichte, alles. Der bunte Fleckenteppich, als der sich die Halbinsel auf den Landkarten bis zur Einigung darstellte, er führte zu einem unbesiegbaren Hang zum Individuum, zu einer persönlichen Lebenshaltung, er schuf eine Zivilgesellschaft. Das Volontariato hat es somit hier schon immer gegeben, wenn auch nicht organisiert. Es hat die Berlusconijahre überstanden, es wird stärker werden.

Passeggiata III

G: »Wo warst du? Ich habe dich drei Tage lang nicht gesehen? Ungewöhnlich.«

R: »Ich sage es nicht gerne, krank. Ich mag das überhaupt nicht, aber was soll ich machen, ich bin eben nicht mehr neunundachtzig. Und wozu habe ich eine so teure Krankenversicherung?«

G: »Die ist so teuer?«

R: »Wahnsinnig. Aber es ist notwendig, und wenn man es sich halbwegs leisten kann … Unser Gesundheitswesen hat bei Weitem nicht den europäischen Standard, wie auch du ihn wohl kennst. Das wird sich hoffentlich ändern.«

G: »Im Augenblick und in den nächsten Jahren wird eure Regierung aber wohl andere Sorgen haben.«

R: »Die vorige war ja unbeweglich, was Reformen betrifft. Seit 1994 haben sie angekündigt und angekündigt und geschehen ist nichts. Neue Gesetze nur zum Wohle des Ministerpräsidenten und seiner Partei und seiner Leute, nicht ein einziges Gesetz zum Wohl Italiens. Mit dieser Mehrheit hinter sich hätte er doch alles zuwege bringen können! Nichts!«

G: »Aber Ruggero, das kann doch gar nicht sein, nicht ein einziges Gesetz?«

R: »Ich bin kein Jurist und zu meinem Glück auch kein Politiker, aber ich denke und lese. Und ich habe noch ein gutes Gedächtnis – das Gesetz zur Rettung des Senders Rete 4, das Gesetz zum Thema ausländische Beweismittel, das Gesetz zur verkürzten Verjährungsfrist, zur Straffreiheit für Mitangeklagte, mit diesen Gesetzen hat er immer wieder die Verjährung seiner Anklagen geschafft. Lass mir einige Tage Zeit und meine Freunde machen dir eine Liste von allen diesen Gesetzen! Als einziges Land hat Italien dem europäischen Haftbefehl nicht zugestimmt!«

G: »Aber man hat doch den Eindruck, vieles sei intakt.«

R: »Was intakt ist, das stammt noch von früher! Zwanzig Jahre voller Ankündigungen ohne Folgen, nur Lügen. Die Jugend hat keine Hoffnungen und Aussichten, das Bildungswesen – versinkt, Wirtschaftsreformen sind überfällig und vom Gesundheitswesen haben wir schon gesprochen, ich habe es ja gerade wieder selbst erlebt.«

G: »Und bei alledem schaust du noch voll Zuversicht in die Zukunft?«

R: »Du doch auch! Und was ist bei dir nicht alles los! Liest man hier in den Zeitungen, weißt du, was Transparency International ist, ich spreche das sicher nicht richtig aus?«

G: »Ja, sicher, im Dienst der Korruptionsbekämpfung.«

R: »Na, dann schau einmal nach bei euch in Österreich! Die Schmiergelder, lese ich im Gazzettino, machen bei euch 24 oder 25 Milliarden Euro pro Jahr aus! In dem kleinen Land!«

G (kleinlaut): »Jaja, habe ich auch gelesen.«

R: »Wir kriegen das schon hin, mit dieser Regierung, wir schaffen das. Schließlich, in einem Punkt hatten wir ja immer Glück, wirklich Glück. Mit unseren Präsidenten.«

G: »Was jetzt, Ministerpräsidenten?«

R: »Hörst du mir nicht zu? Staatspräsidenten! Fast durch die Bank großartige Männer!«

G: »Ja, das habe ich auch aus dem Ausland bemerkt. Pertini habe ich einmal kennengelernt, ich wurde ihm vorgestellt, Pfeifenraucher wie ich.«

R: »Die Ersten, also da war ich jung und da hat mich anderes interessiert, und ich war froh, dass ich aus dem deutschen Kriegsgefangenenlager draußen war. Aber dann, ja, Pertini und Scalfaro, Azeglio Ciampi und jetzt Giorgio Napolitano! Er hat seine Meinung gehabt und hat sie durchgehalten!«

G: »Also – Viva l'Italia!«

R: »Beruhige dich. So weit ist es noch nicht. Aber halt uns die Daumen.«

FELLINI

Petrella Guidi hat sechzehn Einwohner. Das Dorf liegt in der Valle Marecchia und bietet auch drei Adressen für allfällige Touristen. So wächst die Bevölkerung zeitweise auf bis zu fünfzig Personen.

Wer es mit dem Auto über eine Nebenstraße mit vielen Windungen bis hierher geschafft hat, auf 578 m Seehöhe, kommt in einen Ort, in dem tatsächlich die Zeit stehengeblieben ist. Der Borgo ist seit Jahrhunderten von denselben schützenden Mauern umgeben, das Tor zeugt von der Geschichte in drei Wappen – da sind die berühmte Familie Malatesta, die nicht ganz so berühmte Familie Faggiola und der Heilige Stuhl, aus der Zeit, da das Dorf zum Kirchenstaat gehört hat, vertreten.

Die wenigen, hohen Häuser drängen sich um die schützende Burg, aber was für eine Burg! Der Inbegriff von einem Castello, ein Wohnturm, quadratisch, hoch und zwei Seitenflügel, dazu die Nebengebäude – der Pferdestall, die Vorratskammern. Dreizehn solcher Festungen, sie stammen aus dem 13. Jahrhundert, gehörten zur Herrschaft von Sant'Agata Feltrio.

Der Turm wurde erst vor kurzer Zeit restauriert, ebenso die nahe Kirche. Nur einige Schritte führen von ihr, von der Chiesa S. Apollinare, zu dem Platz, der einen weiten, überwältigenden Blick in die Valle Marecchia bietet. Dieser Blick, über die Hügel, das Tal, bis ans Ufer der Adria, war lange Jahre nur den Menschen dieser Landschaft vertraut, bis ihn die Künstler entdeckt haben. Zu den frühen und gleichzeitig den berühmtesten Besuchern gehört Marcello Mastroianni.

Antonio Saliola, berühmter Maler aus der Emilia, hat sich in Petrella Guidi niedergelassen. Er hat vier der alten Häuser erworben, hat sie restauriert und mit Leben erfüllt. Als Wohnhaus, als Atelier und als Gästehäuser werden sie genutzt. Die weltberühmten Filmregisseure Michelangelo Antonioni und Wim Wenders haben sich in den Borgo verliebt, ebenso der Bergamaske Ugo Riva, Bildhauer, oder Paolo Trento, dessen Design-Talent seine Firma Mandarina Duck prägt und auch seine Reisetaschen, Geldbörsen, Handtaschen, die Sonnenbrillen und Uhren.

Und dann kam Tonino Guerra. 1920 kam er in der Romagna, dem Land um die Hauptstadt Italiens, zur Welt. Er hat als Lyriker begonnen, hat Gedichte im Dialekt seiner Landschaft geschrieben, die es auch in ausgezeichneten deutschen Übersetzungen gibt. Ihm verdankt der Film, nicht nur der italienische, eine lange Reihe von Drehbüchern: »La notte«, »Blow up«, »Lucky Luciano« und für Federico Fellini »Amarcord«, »E la nave va« und »Ginger e Fred«. Dreimal war der Autor für den Oscar nominiert.

Tonino Guerra hat dem großen Regisseur Fellini, seinem engen Freund, und der wunderbaren Schauspielerin Giulietta Masina ein Denkmal gesetzt, in Petrella Guidi. Neben der Bank, von der aus das Ehepaar oft und oft in das Marecchiatal geschaut hat, wurden 1994 zwei symbolische Grabsteine gesetzt, und seither ist der kleine Borgo dem Weltbegriff Fellini verbunden, durch zwei Marmorsteine, den Campo dei Nomi.

Wer nun nach Petrella Guidi kommt, kann auch die kleine Kunstgalerie besuchen, und sogar um die Kochkunst in ihrer traditionellen Weise hat sich die neue Population des Borgo verdient gemacht. Hier gibt es Kochkurse, die ausschließlich den Produkten und Rezepten der regionalen Küche verpflichtet sind, der Romagna und der Marchen.

Auf dieser Bank über dem Marecchiatal bin ich immer wieder gesessen. Wenn man einen Künstler oder überhaupt eine Persönlichkeit in einem Maße verehrt, wie das bei mir mit Federico Fellini der Fall war und ist, dann freut man sich über jede noch so bescheidene Nähe.

Christiane Hörbiger hatte in den frühen Achtzigerjahren das Glück, gleich zweimal und unter ganz besonderen Umständen Giulietta Masina und Fellini zu erleben. Seine Zeichnungen und Gedanken sind auf Deutsch vor allem im Verlag Diogenes in Zürich erschienen. Der Verleger Daniel Keel und seine Frau Anna waren nicht nur absolut herausragende Persönlichkeiten auf ihrem beruflichen Gebiet, sie waren ebenso großzügige Gastgeber. Eines Abends waren sie also in Zürich, bei Keels, in kleinem Kreis zusammen. Die Hörbiger spricht zwar nicht Italienisch, aber Englisch, und so war ein Tischgespräch kein Problem.

Im Laufe des Abends kam man auch auf Dante Alighieri zu sprechen und natürlich auf sein großes Werk, die »Commedia«, die »Göttliche Komödie«.

Da fragte Keel den Regisseur und Drehbuchautor, weshalb er, der so bewusste Italiener, sich denn nicht dieses Hauptwerk seines Landes zum Filmthema nehme. Fellini hatte natürlich schon einmal daran gedacht, auch ein Produzent hatte einmal denselben Vorschlag gemacht, und so hatte er die Antwort bereit.

»Ja, natürlich. Für das Purgatorio habe ich Ideen, kein Problem. Und ebenso für das Inferno. Aber sag mir, wie zeige ich im Film das Paradies?«

Viele Jahre später kam es zu einer knappen Wiederbegegnung, bei der ein Gespräch gar nicht möglich gewesen wäre. Dafür war aber Christiane Hörbiger Zeugin eines filmhistorischen Augenblicks: Ende März 1993 hatte der deutsche Film SCHTONK! eine

Oscar-Nominierung in der Kategorie »Bester ausländischer Film«
errungen. Der Regisseur Helmut Dietl, die Hauptdarsteller Götz
George und Christiane Hörbiger flogen nach Los Angeles. Der
Film hat den Preis nicht bekommen – aber immerhin, die kleine
deutsch-österreichische Truppe saß zwischen Sophia Loren,
Catherine Deneuve, Liza Minelli, Dustin Hoffman, Al Pacino …
und Marcello Mastroianni, Giulietta Masina und Federico Fellini.
Der hatte schon längst seine Oscar-Sammlung zuhause in der
Vitrine – fünf Stück. Und an diesem Abend bekam er den Oscar
Nummer sechs, für sein Lebenswerk. Er kam auf die Bühne, hörte
sich seine Laudatio an, übernahm die kleine Statue wieder einmal,
dankte in englischer Sprache und unterbrach plötzlich seine Rede,

fiel ins Italienische und rief seiner Frau im Publikum zu: »Und jetzt hör doch auf zu weinen!«

Eine Szene, die man nicht vergisst, auch, weil sie in jeder Fellini-Biografie zitiert wird, weil man sie immer wieder im Fernsehen sieht.

In der TV-Serie »Das Erbe der Guldenburgs« spielte auch Balduin Baas in einigen Folgen an der Seite von Christiane Hörbiger und ich habe meine Chance wahrgenommen. Wir hatten einen längeren Briefwechsel über Fellinis »Prova d'Orchestra«. Er war der Dirigent dieses konfusen Orchesters, einem Symbol für die Menschheit, für die Welt. Das war ein kürzerer, in seinen technischen Mitteln und der Ausstattung einfacherer Film – mit begeisterten Kritiken, wo auch immer.

Einige Jahre später konnte ich Friedrich von Thun befragen, wie denn die Dreharbeiten bei »Ginger e Fred« für ihn waren:

Irgendwie habe ich erfahren, dass Fellini in München ist, bin ins Hotel Vier Jahreszeiten geradelt, und hab' ihn auch tatsächlich getroffen. Er hat deutsche Schauspieler gecastet, weil das wohl eine Koproduktion Italien-Deutschland war. Er mochte mich offenbar und dann hat er tatsächlich gesagt, ich soll in seiner Geschichte mitspielen und zwar die Rolle des Industriellen, dabei gab er mir ein paar maschingeschriebene Seiten.

Ich las und las – aber ich fand keinen Industriellen. Aber als ich ihm das sagte, meinte Fellini lakonisch, so ein Treatment, das ist etwas für Produzenten, er betrachte sich als Maler, die Schauspieler seien die Farbe.

Ich habe ihm damals gleich gesagt, dass ich nur eine bestimmte Zeit Zeit hätte, wir drehten gerade mit Fritz Molden »Auf rotweiß-roten Spuren«, im Libanon.

Er antwortete: »Kein Problem, bis dahin müsse ja alles fertig sein!«

Danach hat er mich immer wieder dringend nach Rom geholt. Ich habe da jedes Mal sehr schön gewohnt, an der Spanischen Treppe, mit wahnsinnigen Diäten. Aber ich bin nicht dran gekommen, weil Fellini noch immer an den ersten Szenen, am Bahnhof, gedreht hat.

Und immer wieder hieß es, er ist pleite. Da hat man dann geheimnisvolle Männer gesehen, in Mantel und Hut, angeblich von der Kommunistischen Partei, angeblich haben sie immer wieder Geld zugeschossen. Ob das stimmt, weiß ich nicht, aber so kochten immerhin die Gerüchte …

Im Studio war die Gesellschaft von Rom versammelt, stolz darauf, bei Federico Fellini in der Komparserie mitwirken zu dürfen. Ich saß dort im Studio neben Marcello Mastroianni, der mir gleich sagte: »Never learn a line, Federico is going to change it anyway.« Manchmal gingen Schulklassen durch das Studio, ein Höllenlärm, *und dann schmiss Fellini wieder alle Zuschauer raus, also eine sehr seltsame Atmosphäre.*

Und dann war ich dran, jeden Tag mit anderen Leuten am Tisch. Erst war ich allein, dann fragte Fellini mich, ob ich nicht verheiratet sein wollte, am nächsten Tag hatte ich eine Frau und am Ende hatte ich einige Kinder und eine Sekretärin um mich. Was wir hier »Anschlüsse« nennen, das war ihm vollkommen wurscht.

Diese Szene sollte aber nur die Vorbereitung auf die Hauptszene in der Show sein – aber da war meine Zeit abgelaufen, ich musste in den Libanon.

Als ich das der Produktion sagte, brach großes Entsetzen aus – ich könne doch dem Maestro so etwas nicht antun …

Ich habe das dann Federico Fellini selbst gesagt, und ich habe ihm angeboten, ich würde, wenn er mich wirklich brauchte, auf eigene Kosten kommen, natürlich. Er hat mich nur mitleidig angeschaut und gesagt: »Wie soll das funktionieren, ich weiß ja nicht einmal, was ich morgen mache.«

Ich habe noch zwei wunderbare Briefe von ihm, auf der Schreibmaschine geschrieben und mit Kugelschreiber die Tippfehler verbessert, auf denen er mir seine Freundschaft versichert, und die Hoffnung auf eine große Rolle bei seiner nächsten Arbeit.

Friedrich von Thun war nicht der einzige Vertreter der altösterreichischen Aristokratie in diesem Film, auch Friedrich von Ledebur war besetzt. Er gab einen alten Admiral, es war seine zweite Rolle für Fellini. Viele Jahre früher, 1965, hatte er in »Julia und die Geister« mitgewirkt. Über ihn hat Thun einmal ein Porträt für den ORF gestaltet.

Die Erfahrung, die die Schauspieler mit Federico Fellini gemacht haben, das Fehlen eines klassischen Drehbuchs, mit

»Amarcord« gegen Schluß: Die Gradisca heiratet den Maresciallo

vorausgegangenem Treatment sollte niemanden wundern, der sich etwas intensiver mit dem Filmgenie befasst hat. In seiner Sammlung von Gedanken zu »Film, Frauen, Freiheit, Kino und Kunst«, erschienen bei Diogenes unter dem Sammeltitel »Spielen wie die Kinder«, lautet der allererste Satz: »Einen Film dreht man, ohne genau zu wissen, worum es sich handelt.«

Und schon sehr früh, 1965, hat Fellini in einem Interview gesagt: »Je älter ich werde, umso weniger weiß ich. Ich befolge keine bestimmte Methode in der Arbeit und im Leben. Ich lebe einfach. Ich tue einfach etwas.«

Die beiden Gedenksteine in Petrella Guidi, auf dem Campo dei Nomi, sind eine Einstimmung auf das nahe Rimini. In dieser damals kleinen, inzwischen mittelgroßen, Stadt ist Fellini geboren worden. Dort findet man das Familiengrab der Fellinis – und das prunkvolle Denkmal für Federico, Giulietta und den kleinen Sohn, den die Eltern verloren haben, als er erst drei Wochen alt war.

Am 20. Jänner 1920 ist Federico Fellini zur Welt gekommen. Sein Vater Urbano war Vertreter, seine Mutter Hausfrau. Sie hieß Ida, geborene Bariani, und entstammte einer römischen Familie wohlhabender Kaufleute. Diese beiden Pole, das kleine Rimini und das große Rom, werden Federico sein Leben lang begleiten, und ebenso das Meer seiner Kindheit. Später wird er an die andere Seite der Halbinsel ziehen, aber er wird wieder an einem Meeresufer leben.

Rimini hatte um 1920 knapp 47.000 Einwohner. Heute sind es rund 130.000. So hat sich die Stadt natürlich verändert. Geblieben ist der Stolz auf die römische Vergangenheit, dazugekommen ist der Stolz auf Fellini. Hier ist er tatsächlich auf Schritt und Tritt anzutreffen. Die Fondazione Fellini hat alles über ihn gesammelt, unterstützt von berühmten Filmkünstlern, Wegbegleitern, Verehrern.

Der Oscarpreisträger Dante Ferretti zählt zu ihnen. Er war der Ausstatter von »E la nave va«, »Città delle donne« und »Ginger e Fred«. Die Fondazione baut ein Museum auf – und rettet damit das Kino im Palazzo Valloni, mit dem Federicos Leben begann. Das Cinema Fulgor – »Blitz-Kino« – war der Ort der Träume des Buben. Er dachte sich einen Weg aus, ohne Geld zu Eintritts-

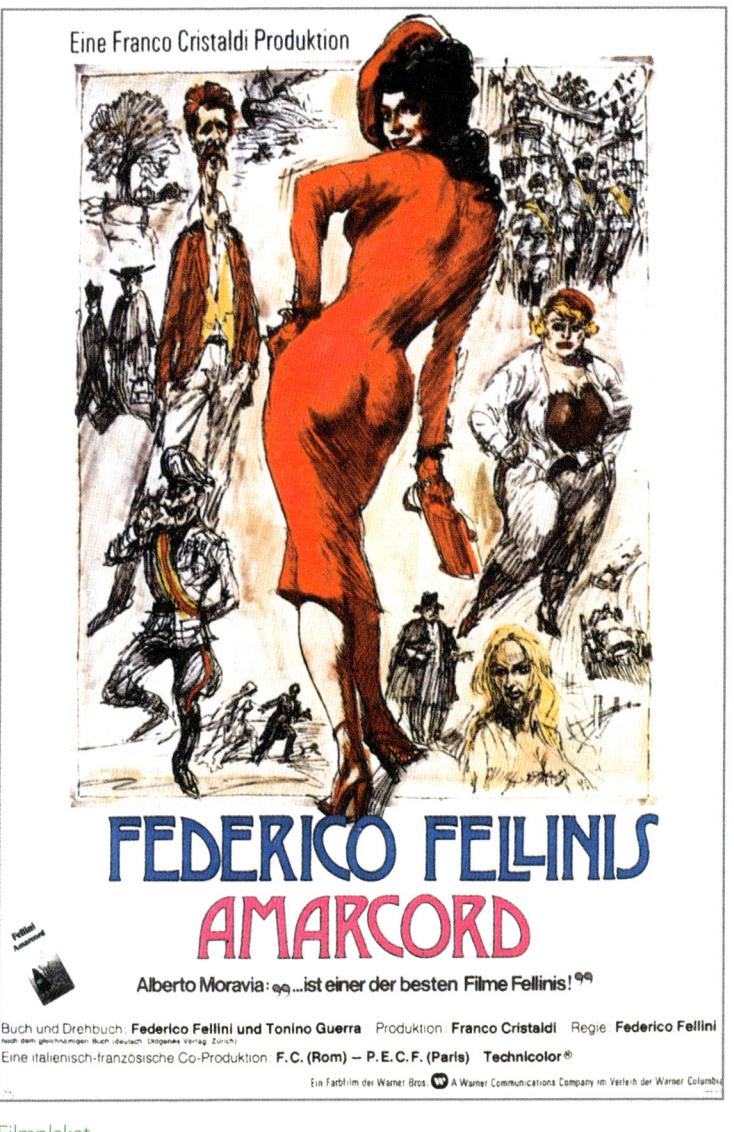

Filmplakat

In Cinecittà mit Elio

karten zu kommen – er zeichnete. Die Karikaturen der berühmten Schauspieler bot er zum Kauf an, als Gegenleistung hat man ihn ins Kino eingeladen. Das Cinema Fulgor spielt in »Amarcord«, gedreht 1973, eine zentrale Rolle, selbstverständlich. Dieser Film, der aus vielen Eindrücken und auch Lebenserinnerungen des jungen Fellini besteht, hat Rimini, das Kino, das Grand Hotel, weltberühmt gemacht. Gedreht wurde all das nicht im wirklichen Rimini – man hat die Kindheit nachgebaut im Studio V in Cinecittà in Rom.

Hier nähert sich Titta der Gradisca, hier hat der vordergründig elegante Kinobesitzer seine Wirkungsstätte, hier kann die Gradisca Gary Cooper anhimmeln.

Ich war, als ich von den Dreharbeiten zu »Amarcord« hörte, schon längst der Präsident eines nicht angemeldeten Fellini-Verehrer-Vereins, ich dürfte meinen Freunden mit meiner wortreichen Begeisterung manchmal auf die Nerven gefallen sein. Nach »La Strada«, »La Dolce Vita«, »I Clowns« und »Roma« gab es für mich keinen Filmregisseur, der Fellini hätte Konkurrenz machen können, später dann eventuell Luchino Visconti, bei aller Treue.

Ich hatte das Glück, eines Tages in Rom einen Herrn kennenzulernen, der zwar Doktor der Medizin, doch tatsächlich längst kein Arzt mehr war, Dott. Lionello Santi. Er hatte gut verdient, sorgte sich wegen der auf ihn zukommenden Steuerlast und gab dem Rat eines Steuerberaters nach. Er möge doch steuerbegünstigt ins Filmgeschäft investieren, da ließe sich im Falle eines Miss-

Christiane Hörbiger vor dem Denkmal am Friedhof

erfolgs zumindest einiges absetzen. Diesen Rat hat Dott. Santi denn auch befolgt, und es entstand das Gegenteil eines Misserfolgs: der Film hieß »Divorzio all'italiana« – »Scheidung auf Italienisch«. Zu den Darstellern gehörten Marcello Mastroianni, Stefania Sandrelli, Lando Buzzanca, Regie führte Pietro Germi. Das Drehbuch erhielt einen Oscar und den Golden Globe, zwei der Darsteller waren immerhin Oscar-nominiert, in Cannes gab es einen weiteren Preis, und die Kassen waren voll.

Zu dieser Zeit ging es Cinecittà nicht besonders gut. Eröffnet wurde die »Filmstadt« unter Mussolini 1937, in den wenigen Jahren bis 1943 sind hier rund 300 Filme entstanden. Einige Jahre nach Kriegsende kehrte die Traumindustrie zurück und ab »La Dolce Vita« hat Federico Fellini immer hier gearbeitet, im heute legendären Studio V.

Nun aber war Cinecittà in einer finanziellen Krise. Der Staat suchte dringend eine Lösung – und da fiel ihm ein, er könne doch diesen Arzt, der offensichtlich ein gutes Händchen für Filmstoffe hatte, mit der Leitung betrauen. Und so wurde Dott. Santi zum Amministratore unico, zum alleinigen Geschäftsführer von Cinecittà.

Ich habe meine Chance genutzt. Als ich diesen Filmmachthaber kennenlernte, habe ich nicht nur von seinem persönlichen Erfolg mit »Divorzio all'italiana« geschwärmt, sondern auch von Fellinis Filmen, da hat er mich eingeladen.

Schon der Eingangsbereich mit den Direktionsräumen kam mir vertraut vor. Er hatte in »Amarcord« die Rolle des Bahnhofs der kleinen Stadt übernommen, in Erinnerung an den wirklichen Bahnhof von Rimini.

Dott. Santi gab mir einen jungen Mann zur Seite und ich durfte Fellinis Welt betreten. Elio, so hat mein Begleiter geheißen,

Der erste Grabstein, 1994

erzählte und erklärte und zeigte – die Drehorte von Roma, dessen Stadtteil Trastevere ebenso in Studio V nachgebaut worden war wie die Stadtautobahn vom Anfang, wie die Baustellen der U-Bahn von Rom, die beginnenden Kulissenaufbauten für »Casanova«, die schon halb verschwundenen Kulissen für »Amarcord«. Da war der Corso dieses kleinen Film-Rimini, die Piazza, und dass sich auch schon Aufbauten zu anderen Filmen dieser Tage in diese Kulissen schoben, erhöhte den Reiz des Spaziergangs. Am Ende der Straße sah man mitten in einer italienischen Provinzstadt den Wasserturm eines Italo-Western von Corbucci oder Leone.

Cinecittà ist seit einigen Jahren, selbst angesichts des 75-Jahre-Jubiläums, abermals in der Krise und könnte einen Dott. Lionello Santi gut brauchen. Die vorige Regierung hat in ihrer Abneigung gegen das Kulturleben das Budget von Cinecittà um 60 % gekürzt.

»Amarcord« scheint vordergründig eine Reihe liebevoller Details aus der Jugendzeit Fellinis in den Dreißigerjahren an der Adria zu zeigen – das Gegenteil ist der Fall. Die vom Faschismus geprägten Jahre zwischen den beiden Weltkriegen sind das wahre Thema des Films. Die Lächerlichkeit der Parteirituale, ihre Brutalität, die dumpfe Atmosphäre des Alltags und der Versuch der Jungen, einen eigenen Weg zu finden, mit all den Problemen des erwachenden Interesses am Eros.

Die Überzeichnung der meisten Situationen und Figuren gibt dem Film aber eine solche Portion von Witz und Satire, dass man den dunkleren Hintergrund kaum mehr erahnt.

Die kleine Freundesgruppe um die Hauptperson, Titta, lebt und beobachtet – auch im Park des Grand Hotel. Dort ist ihr vor allem das abendliche mondäne oder halbmondäne Leben auf der Terrasse wichtig. Fellini erinnert sich an seine eigene Jugend:

»Amarcord«: Die Tabakhändlerin. Traumfrau Fellinis und ebenso der Hauptperson Titta

In den Sommernächten verwandelte sich das Grand Hotel in Istanbul, Bagdad, Hollywood. Wir erspähten die nackten Rücken von Frauen, die wie aus Gold erschienen, umfangen von den Armen der Männer im weißen Smoking. Ein duftiger Lufthauch trug uns von Zeit zu Zeit Jazzmelodien zu – es war zum Dahinschmelzen.

Fellini hat das weltberühmte Hotel selbst immer wieder bewohnt. Die Suite Nr. 315 wurde ihm ein zweites Zuhause. In diesen Räumen ging sein Leben auch zu Ende, in Nr. 315 erlitt er den Schlaganfall, der zum Tod führte.

Wenige Monate nach ihm ist auch seine Frau gestorben. Das Ehepaar fand seine letzte Ruhestätte zuerst in einer Gruft der Familie mit der Inschrift »Urbano Fellini und die Seinen«. Später errichtete die Kommune Rimini ein eigenes Grab für das weltbe-

Das Grab 1994. Christiane Hörbiger und der Autor

rühmte Künstlerpaar. Das neue Grabmal am Friedhof stammt von dem Bildhauer Arnaldo Pomodoro. Es hat die Form eines Schiffkiels, steht gegenüber dem Friedhofstor, an prominentester Stelle also. Es soll an den Traumdampfer Rex erinnern, der in

Das Grab heute

»Amarcord« eine wichtige Rolle spielt, und auch an den Film »E la nave va«.

Fellini hatte sich mit Zeichnungen in seiner Jugend den Kino-eintritt ermöglicht, dem Metier ist er ewig treu geblieben. Seine

Giulietta Masina und Federico Fellini in Rom

Wunschbesetzungen hat er zuerst gezeichnet, auf dem Papier
ersonnen, entworfen, und nach ihnen, nach diesem ersten Ideal-
konzept seine Darsteller gesucht. Sein letzter Film wurde niemals
realisiert, und doch gehört er zu den berühmtesten Projekten der
Filmgeschichte, »Die Reise des G. Mastorna«. Seit 1965 hat Fellini immer wieder getrachtet, dieses Projekt zustande zu bringen,
doch stets vergeblich. Auf dem Papier konzipiert, ist aus den
Zeichnungen und Entwürfen posthum ein Film geworden, von
Freunden produziert und finanziert.

Wer Rimini kennt, weiß, dass die Comic-Kunst hier zuhause ist.
Der Zeichner Fellini hatte einen Landsmann, ja Mitbürger, der als
Schöpfer einer Comic-Figur einen Klassiker des Genres geschaffen hat – Hugo Pratt. Sein »Corto Maltese« hat Weltkarriere
gemacht.

Er entstammte einer alten englischen Familie, deren Mitglieder sich über die halbe Welt verteilten. Hugo Pratt ist in Rimini zur Welt gekommen, als Ugo Eugenio Pratt.

Das Filmgeschäft stand sozusagen an seiner Wiege. Sein Großonkel war Boris Karloff, der bürgerlich William Henry Pratt geheißen hat. Mit solchen Assoziationen wird die kleine alte Stadt an der Adria zu einem Brennpunkt des europäischen Films.

Zu zeichnen war für Fellini ein Ausweg aus der ständig überbordenden Fantasie, die ja oft erst nach außerordentlichen Mühen, nach schwerem Kampf um die Finanzierung, das Licht der Wirklichkeit hat finden können.

Seine Erinnerungen an Rimini hat Fellini öfters beschrieben, auch 1967 unter dem Titel »Il mio paese«, als Einleitung seines »La mia Rimini«, in Bologna erschienen. Da erfährt man, dass die Familie öfters die Adresse gewechselt hat. Geboren wurde er in einem Haus in der Via Fumagalli, daran hatte er keine Erinnerungen mehr, die setzen erst ein mit dem Palazzo Ripa am Corso. Später zog Urbano Fellini mit seiner Familie in eine kleine Villa mit Vorgarten in der Nähe des Bahnhofs. Hinter dem Haus erstreckte sich ein weiter Gemüsegarten, dessen Mauer an einen mächtigen weißen Bau grenzte, der in weißen Buchstaben die Aufschrift trug »Th..ter von Rimini«, zwei Lettern waren heruntergefallen. In diesem Gebäude hatte das Kind Federico sein Schlüsselerlebnis:

Eines Tages stand das große Tor offen, laute Stimmen waren bis in den Gemüsegarten zu hören. Eine ambulante Theatertruppe war bei den Proben, und Federico durfte zusehen, bis seine Mutter ihn zum Mittagessen holte. Das bisher Gesehene war schon ein großer Eindruck, doch zwei Tage später besuchte die Familie die Aufführung, und da war es um den Sohn geschehen. Die Kulissen, die goldenen Logen, Vorhänge, Samt, Messing – während der gesamten Vorstellung rührte sich das Kind nicht vom Fleck, erst danach lief es durch die Gänge und schaute und schaute.

Der nahe Bahnhof wurde für den Gymnasiasten zum Ziel der Sehnsucht nach Rom, nach der Welt. Er spielt dann ja auch in einigen Filmen eine Rolle. Eines Tages hat der junge Fellini den Zug nach Rom bestiegen – und ist geblieben. Obwohl er auch einmal ein Haus in Rimini gekauft hat – aber er hat es niemals bewohnt. Sein Zuhause hat er in Fregene gefunden, an der anderen Seite der Halbinsel, nicht weit von Rom, in der Via Volosca 13. Ein Haus mit einem großen Garten, 3000 qm, mit Dahlien, Rosen, mit alten geheimnisumwitterten Bäumen, mit Jasmin – er heißt im Italienischen Gelsomina und das ist der Name des Mädchens in »La Strada«.

Die Gemeinde Fregene hat den Wert dieses Hauses nicht verstanden. Man hat es abgerissen und Haus und Garten verbaut. Ausnahmsweise non Viva l'Italia.

In Fregene war wochenlang die österreichische Künstlerin Gundi Dietz zu Gast. Sie hatte im Zuge eines Romstipendiums eine Einladung zu Fellini erhalten und daraufhin einige Wochen in dem Künstlerstädtchen verbracht. In dieser Zeit hat sie viele Gespräche mit dem Genie geführt – und sie hat sich erbeten, seinen Mund abformen zu dürfen, den Mund, über den alle diese tausenden Ideen und Regieanweisungen gegangen sind.

Fregene und sein Strand erscheinen am Ende von »La Dolce Vita«. Fellinis Leben endete nicht hier und nicht in Rimini. Er starb in seinem geliebten Roma.

Wer Rimini nicht kennt, mag angesichts des langen Strandes und der vielen Hotels ein falsches Bild von der Stadt und ihrem Charakter haben. Das ist kein typischer Badeort an der oberen Adria mit Campingplatz und Massenabfertigung. Der kultivierte

Wien an der Adria – das Belvedere in Rimini, Vergnügungspark

Umgang mit der italienischen und der internationalen Klientel, das ist typisch für die Stadt. Und wem auch das noch zu laut oder zu viel ist, der fährt eben weiter in den Süden, immer die Adria entlang, bis zum Monte Conero.

Fellini. Der Mund

MONTE CONERO

Von Ancona kommt man mit dem Auto an diesen ungewöhnlichen Adriastrand. 570 m ist der Conero hoch, fällt steil zur Küste ab und bietet daher einen sanften Weg vom Landesinneren her. Wenn man oben ist, geht es steil abwärts, durch Wälder, in Serpentinen. Jetzt darf man sich nicht ein typisches altes Dorf erwarten, die Gegend lebt ja wirklich vom Tourismus. Aber er hat nicht viel Schlimmes getan, bis jetzt immerhin.

Sirolo ist ein Dorf mit schönem alten Teil mit knapp 3000 Einwohnern. Der Strand von Sirolo ist nicht nahe, aber es gibt eine günstige Busverbindung und man bewegt sich unter fast ausschließlich italienischem Publikum. Wer will, kann ein Boot mieten und auf Entdeckungsreise gehen. In mancher der kleinen Buchten kann man auch ganz allein sein.

Interessantes bietet auch die nahe Umgebung. Beginnen wir bei der Festung, dem Fortino Napoleonico. Sie ist eine richtige Fortezza, trotz der Verkleinerungsform des Namens, die sich in die Adriabucht hineinstreckt, mitsamt ihren alten Kanonen. Sie wird ihre Funktion gehabt haben, ist gebraucht worden. Dieser Teil der Adria, in der Region Marken, hat wechselvolle Geschichte erlebt – zuerst die Picener, dann die Griechen, Dorer, ab dem 3. Jahrhundert Rom, danach Byzanz, ihm folgte der Kirchenstaat, dem wieder die Franzosen, eben Napoleon, und endlich – Italien.

Heute ist nichts mehr von Krieg und Abwehr zu spüren – hier leben nun keine Soldaten, sondern Touristen. Ganz nahe, nur durch einen Pinienwald getrennt, steht ein anderes militärisches

Bauwerk – ein Turm, die Torre di Portonovo. 1716, in den Herrschaftsjahren der Päpste, wurde sie unter Clemens XI. zum Schutz gegen Piraten erbaut. Sein Leibarzt, den er hoch schätzte, stammte aus den Marken, Giovanni Maria Lancisi, und er soll seiner heimatlichen Landschaft in Rom viel Gutes getan haben.

Das älteste Gebäude des Ortes Portonovo ist auch das schönste – Santa Maria, aus hellem Kalkstein, errichtet ab dem Jahr 1034. Die Benediktiner sind hier rund dreihundert Jahre geblieben, sie erbauten auch ein kleines Kloster, das nicht mehr besteht. Das wechselvolle Schicksal des Kirchleins fand mit dem Jahr 1934 einen Abschluss, noch einmal geweiht ist Santa Maria di Portonovo wieder im Amt.

Die Apsis ist in Richtung Meer gebaut, also gegen Osten hin, und das Sonnenlicht strömt durch die schmalen Fenster. Wenn das Glöcklein die Mönche zum Morgengebet, zu den Laudes, gerufen hat, dann wird an vielen Tagen die Mittelmeersonne zur Stimmung bedeutend beigetragen haben.

Direkt am Strand liegt ein Stück Italien, wie man es aus Filmen zu kennen glaubt, wie man es sich wünschen mag: das Ristorante Emilia. In der Bucht gab es viele Jahre lang zwar Gäste, wenige, aber keine Möglichkeit, sich zu verpflegen außer einem mitgebrachten Picknickkorb. Dann hat um 1930 eine junge Frau einen Stand eröffnet, eine Art Bar mit Brötchen, Weißwein, Kaffee. Sie hieß nicht Emilia, sondern Giulia, aber sie wurde allgemein Emilia gerufen. Das Restaurant, das aus dem Imbissstand gewachsen ist, lebt von dem Fischreichtum dieses Adriateils und von einer Art Miesmuscheln, den moscioli selvaggi. Die Wirtin von heute, die Nachfolgerin Giulias, heißt Marisa. Wer wissen will, ob auch sie Emilia genannt wird, fährt an diesen ungewöhnlichen Adriastrand.

Passeggiata IV

G: »Ruggero, wie geht es deinen Kindern?«

R: »Danke, ich denke gut. Ich sehe sie nicht allzu oft. Marino wollte Höhlenforscher werden, dann hat er, das weißt du ja, das Hotel übernommen. Jetzt ist er immerhin auch schon sechsundvierzig, hat das Hotel vergrößert, reist zu Tourismusmessen und in Venedig ist er im Präsidium der Hotelvereinigung.«

G: »Ja, ich weiß, ich sehe ihn ja manchmal. Und deine Tochter Carla?«

R: »Verheiratet, mit einem Kollegen, Restaurantbesitzer, er ist auch bei Libertà e Giustizia, wie ich, und Carla übrigens auch. Sie hat zwei Töchter, siebzehn und neunzehn, schöne Mädchen, naja, kein Wunder.«

G: »Sie gehen noch zur Schule, wo?«

R: »Chiara ist auf der Universität, Padua, da kommt sie jeden Tag heim. Und die Kleine ist ein Problem, leider. Sie will nicht lernen. Jetzt ist sie schon wieder in einer anderen Schule.«

G: »Was will sie denn von Beruf werden?«

R: »Nichts.«

G: »Also Hausfrau, Ehefrau, Mutter, Tradition?«

R: »Ich wollte, es wäre so. Das ist es aber nicht. Was sie wirklich werden will, ist – Nichts. Sie will im Fernsehen auftreten, egal als was. Und so verbringt sie ihre Zeit lieber beim Friseur und in so einem Laden, wo man geschminkt wird, und wenn sie irgendwo hört, dass gedreht wird, das kommt bei uns oft vor, ist sie schon dort und grinst auch noch den letzten Aufnahmeleiter an.«

G: »Merkwürdig, in so einer Familie …«

R: »Was willst du? Jahrelang haben sie das vorgemacht, in den privaten Fernsehsendern, ja auch schon in der RAI, und in diesen ganzen blödsinnigen bunten Heften sieht sie das noch einmal und im Detail, und wenn du an unseren früheren Premier denkst, den Cavaliere, haha, dann kann ich Santuzza verstehen. Diesen Namen will sie auch nicht mehr, diesen sizilianischen. Mein Schwiegersohn ist aus Trapani, weißt du. Sie will jetzt Englisch heißen, die Sprache ist mir nie gelegen.«

G: »Aber deiner Enkelin vielleicht?«

R: »Keineswegs, sie lernt ja nicht, seit Jahren, also auch nicht Englisch. Aber sie will Sveti gerufen werden.«

G: »Sveti? Was soll das sein?«

R: »Geschrieben s, vu doppio, due e, t, ypsilon.«

G: »Also Sweety?«

R: »Ja, ich weiß, aber ich mag das nicht, ich sage sveti, basta. Und jetzt hofft sie, bei ›Grande Fratello‹ mitzumachen, irgend so ein Fernsehunsinn.«

G: »Kenne ich, heißt bei uns ›Big Brother‹.«

R: »Wenn sie nur nicht ihre Schwester ansteckt, die hat eben mit dem Studium begonnen. Wenn sie fertig ist, weiß Gott, wann das sein wird, will sie Kinderärztin werden.«

G: »Schön, vielleicht steckt ja sie die kleinere Schwester an.«

R: »Und dann muss man noch hoffen, dass Chiara einen Arbeitsplatz bekommt. Seit 2002 sind rund 600.000 Junge mit einem Hochschulabschluss abgewandert! Der Cavaliere war auch da sehr großzügig mit Ratschlägen – einer jungen, Arbeit suchenden Frau hat er geraten: ›Heiraten Sie einen meiner Söhne oder finden Sie einen anderen wohlhabenden Ehemann.‹ Großartig.«

Mit Christiane Hörbiger in Venedig, vor dem Colleoni-Denkmal

G: »Aber Ruggero, aus Italien sind doch immer viele sogenannte Arbeitskräfte, also Menschen, nach Norden gezogen, in
die Schweiz, es gab einen Song von Franz Josef Degenhardt –
›Toni Schiavo‹ hat er geheißen – der hat von einem Mann erzählt,
in den Sechzigerjahren, der aus dem Süden ins Ruhrgebiet
gekommen ist, und …«

R: »Ja, der war ein Fremdarbeiter, eine Arbeitskraft, eine Bau-
maschine. Aber heute gehen die Akademiker ins Ausland.«

G: (Bleibt stumm)

R: »Nimmst du noch eine Grappa?«

Die Oper

Ich fahre über die Autobahn von Mailand nach Rom. Man soll sich dazu Zeit nehmen, auch Umwege einplanen. So nehme ich also nicht den kürzeren Weg via Piacenza – Bologna, ich ziehe es vor, in Richtung Genua, La Spezia, zu fahren. Die Strecke am Ligurischen Meer entlang ist einen solchen Umweg wert.

Dann mache ich in Lucca Station, vielleicht auch in Montecatini. Weiter geht es Richtung Florenz, und nun auf die A1, die Autostrada del Sole. Da herrscht immer viel Verkehr, zu allen Tageszeiten. Nun mache ich keine Station, außer ich will hier oder in Fiesole bleiben. Aber nur für kurze Stunden abfahren und wieder auf die Autostrada, das lohnt sich nicht, bei der Verkehrsdichte. Und doch freue ich mich jedes Mal auf dieses Stück der Autobahn.

Es gibt dieses Spiel – was nimmt man auf die Insel mit, wenn man von allem nur ein Exemplar wählen kann? Lieblingsbuch, Instrument, Spielzeug etc. Auf dem Gebiet der Oper habe ich natürlich zahlreiche Favoriten für diesen Inselzwang, aber am Ende muss man ja doch bei einem einzigen Werk blciben. Und das ist immer »Gianni Schicchi« von Giacomo Puccini. Da kommt es zu der zentralen Szene, in der die Verwandten am Sterbelager Buoso Donatis stehen. Nun ist aber dieser »povero Buoso« soeben gestorben – seine Hinterlassenschaft gehört einem Kloster. Die komplette Verwandtschaft geht leer aus. Was tun?

Am traurigsten ist Rinuccio, jung, verliebt in Lauretta. Er wird sie wohl nicht bekommen, Tante Zita ist dagegen, und die

Erhoffte kommt nicht aus guter Familie. Aber Rinuccio weiß Hilfe – man möge Gianni Schicchi holen, schlau, witzig, er wird Rat wissen. Und – er ist Laurettas Vater. Gesagt, getan, er kommt, er ist zu allem bereit, er wird den sterbenden Buoso Donati spielen, ein Testament diktieren, in dem die Verwandten bedacht werden. Die Kirche wird auch ein wenig bekommen …

Wer nichts von der Geografie der Gegend um Florenz weiß, lernt sie nun kennen.

Den Besitz von Fucecchio erhält der Sohn Buosos, Simone, die Einnahmen von Figline bekommt Zita. Beide Ortsnamen bedeuten kleine Städte in der Nähe von Florenz. Der Schwager Betto wird Besitzer der Campi di Prato – die Provinzhauptstadt dieses Namens hat an die 200.000 Einwohner, sie ist von Florenz nur 20 Kilometer entfernt.

Nella und Gherardo erben die Einnahmen von Empoli – auch von hier sind es 20 Kilometer bis zur Hauptstadt der Toscana, die Stadt am Arno hat zwei berühmte Söhne, den Maler Jacopo de Pontormo und den Komponisten Ferruccio Busoni.

Cesca und Marco bekommen die Einnahmen von Quintole, einem auch heute eindrucksvollen Gut im Gemeindegebiet von Impruneta.

Und jetzt geht es an den wesentlichsten Teil des Erbes – die Mühle – »che è la migliore mula di Toscana«, die beste Mühle des Landes, dann um das Stadthaus in Florenz und endlich um die Mühlen von Signa.

All diesen Besitz erbt – »mio caro, affezionato amico Gianni Schicchi« – mein lieber Freund Gianni Schicchi.

Die Wegweiser, die Straßenkarten, die Anzeigen quer über der Autostrada nennen immer wieder alle diese Namen. Rund um Signa gibt es immer, fast immer, einen Stau. Aber ich denke an den Operntext, höre vielleicht auch Puccinis Werk als CD oder im Kopf und bin fröhlich, trotz Stau.

Über Oper in Italien zu schreiben, ist ein sinnloses Unterfangen. So viele Eulen gibt es gar nicht, wie man sie hier nach Athen tragen könnte – oder, eigentlich, nach Busseto, Palermo, Lucca, Milano, Bergamo, Rom, Venezia, Napoli … ganz Italien ist Oper. Hier ist sie erfunden worden, hier hat sie ihre wichtigsten Vertreter und auch Mozart oder Wagner hat es nach Italien gezogen. Doch alles, das ich selbst erlebt habe, an das ich gerne denke, das will ich hier berichten.

Ich hatte »Gianni Schicchi« schon in drei verschiedenen Inszenierungen erlebt, war in das Werk absolut verliebt. Nun hatte ich das Glück, zum Fest in Hellbrunn in Salzburg im Sommer 1985 mithilfe eines Sponsors einen Sänger holen zu können, den ich zutiefst verehrte – Giuseppe Taddei. Wer ihn von der Bühne gekannt hat, wird seine Abende niemals vergessen können. Nun kam hinzu, dass er privat so außerordentlich liebenswürdig, witzig, menschlich war.

Er war, auch äußerlich, ein Kraftwerk, ein Bündel von Energie. Kaum hatte ich ihn persönlich kennengelernt, war ich ihm verfallen, da ich doch bis dahin ohnehin schon ein absoluter Fan gewesen war. 1987 drängte ich in meinen vollen Terminkalender die Reise nach Torre del Lago, zum Puccini-Festival. Taddei sang Schicchi, Taddei war Schicchi. Wir haben ihn damals, in den Tagen von Hellbrunn, auch für eine Frage in die Fernsehsendung »Quiz in Rot-Weiß-Rot« bitten dürfen, das ging ein wenig daneben. Er hatte gemeint, er werde seine Frage an die Kandidaten in deutscher Sprache stellen, es soll um Essen und Trinken gehen, schließlich war er oft und oft Verdis Falstaff, auch in Wien und in Salzburg. So haben wir eine Küche vorbereitet und einen großen

Kochtopf für das viele Wasser, das eine anständige Pasta braucht, und Taddei hat seine Frage mit uns besprochen. Er hatte vor zu sagen: »Ich esse gern, ich trinke gern, ich bin eben ein bisschen wie Falstaff. Hier mache ich nun eine Art von Pasta, nicht Spaghetti, aber etwas Ähnliches, also …« Egal, so weit ist es ohnehin nie gekommen.

Wir haben begonnen – Kamera läuft, der Maestro beginnt, mit Blick zum Publikum, hat die Schürze um und sagt: »Ich gerne esse, ich gerne trinke, un po come Falstaff, come no, allora, sto preparando …«

»Pardon, Herr Kammersänger«, sagte unser armer Regisseur Edgar Böhm, mittlerweile Unterhaltungschef des ORF, »wir hatten uns auf Deutsch geeinigt.«

»Naturalmente, certo, allora!«

Kamera ab, Taddei die Zweite!

»Ich gerne esse, ich gerne trinke, wie Falstaffe, der ich ofte binne, e naturalmente son capace di preparare un piatto classico come quello, che fa parte della cucina italiana …«

»Maestro, wundervoll, aber etwas mehr Deutsch – vielleicht?«

»Gerne, certo, allora: Ich gerne esse, ich gerne trinke, wie Falstaffe, io amo la cucina italiana, sto preparando una pasta che si chiama …«

»Herzlichen Dank, wir machen das mit Untertiteln.«

Die Sprache war nicht das Problem, nur das Temperament war stärker als unsere Hoffnung.

Ich hatte das Glück, am selben Tag meinen Geburtstag zu feiern wie Taddei, am 26. Juni, und das auf den Tag genau dreißig Jahre nach ihm. Das hat zu manchem Glas Wein geführt.

Beim Fest in Hellbrunn ist er mehrmals aufgetreten, mit einem

Programm neapolitanischer Volkslieder, von »Anema e Cuore« bis »Marecchiare«, und in einem anderen Jahr in der Glanzrolle eines musikalischen Intermezzos von Domenico Cimarosa, »Il Maestro di Capella«. Es gibt in diesem kurzen Werk nur diese eine Partie und sie erlaubt dem Sänger, auch Kabarettist und Parodist zu sein, ideal für Giuseppe Taddei.

Er hatte damals, Anfang August 1985, also in seinem siebzigsten Jahr, ein Debüt vor sich – die Metropolitan Opera. Zwar hätte er dort schon viele Jahre früher auftreten sollen, doch der Intendant Rudolf Bing, eine Legende wie Taddei, hatte es sich zum Prinzip gemacht, dass jeder Sänger, egal welchen Rangs und Alters, vor seinem ersten Met-Auftritt ein Vorsingen zu absolvieren habe, und das hatte Taddei begreiflicherweise verweigert. So kam es also zu diesem späten Debüt, das zu einem im wörtlichen Sinn, ohne Übertreibung, unbeschreiblichen Erfolg führte, einem Triumph. Sein großer, ausdrucksvoller Bariton gab Taddei eine Alterskarriere, wie sie kaum einem Sänger zuteil wird.

Als ich 1994 die Leitung des Festivals ARTEUROPA in Umbrien, in der schönen Stadt Todi, neunzig Kilometer nördlich von Rom, übernahm, gab mir das erneut viele Chancen, mit wunderbaren Künstlern zu arbeiten. Neben zahlreichen anderen Opernlegenden wie Giacomo Aragall oder Francisco Araiza konnte ich auch Giuseppe Taddei nach Todi bewegen. Es war 1998, er stand also im dreiundachtzigsten Lebensjahr. Wir haben ihm im Teatro Comunale einen Abend gewidmet, er hat im Gespräch mit Marcel Prawy aus seinem Leben, von seinen Partien erzählt, am Klavier saß Maestro Ernst Märzendorfer, und ich war glücklich.

Das war ich nicht ganz zu Beginn dieses Abends, da war ich nervös. Denn es wurde immer später, das Theater füllte sich, nur mehr zwanzig Minuten bis zum Beginn und kein Taddei. Ein Anruf im Hotel: »Der Maestro ist in seinem Zimmer.«

Ich setze mich ins Auto, nur mehr fünf Minuten bis zum Beginn, ich bin im Hotel, jetzt sollte unser Programm anfangen. »Der Maestro ist in seinem Zimmer.«

Also avanti, ich eile, klopfe an die Türe, die vertraute Stimme ruft mich hinein. Der Maestro sitzt vor dem Fernsehapparat – Giro d'Italia, Pantani ist am Gewinnen – »Guarda, ist das nicht großartig!«

Wir sind ins Theater gefahren, ich habe erzählt, dass Taddei sich über Pantani gefreut hat, das Publikum hat sich über Pantani und Taddei gefreut, alles war in Ordnung. Viva l'Italia.

An diesem selben Abend hat es noch einen zweiten Augenblick gegeben, nein, mehrere Augenblicke gegeben, die mir meine Verehrung für Taddei glanzvoll bestätigt haben. Nach der Vorstellung gab es eine große, eine großzügige Einladung in einem eleganten Landhaus in der Umgebung von Todi. Der Leibarzt des Heiligen Vaters, es war damals Johannes Paul II., hatte viele Freunde aus dem Publikum und natürlich uns alle, die Festivaldirektion, Märzendorfer, Prawy, Taddei, eingeladen. Nun saßen wir in einer Art Renaissanceschloss im Salone und man versorgte uns mit dem Köstlichsten vom Buffet. Vor den Fenstern, im darunterliegenden Park, feierte die Menge, allesamt Kenner, Römer, fröhliche Menschen. Ihre Stimmen, ihr Lachen drang in den ersten Stock und lenkte uns wenige, eben Prawy, Märzendorfer, Taddei, mich selbst, immer wieder ab von den vor uns stehenden Köstlichkeiten. Und endlich hielt es Giuseppe Taddei nicht länger. Er nahm sein Glas, ging die wenigen Schritte zu der Freitreppe in den Park, ging hinunter, hob auf der letzten Stufe sein Glas und begann a cappella: »Libiamo, libiamo ne' lieti calici …« Verdi, »Traviata«,

Giuseppe Taddei

das Brindisi aus dem ersten Akt. Wer es konnte und es wagte, sang mit. Unvergessliche Momente an einem herrlichen Sommerabend.

Der angekündigte Beginn einer Vorstellung hat in Italien nicht den gleichen Stellenwert wie bei uns Teutonen. Es handelt sich eher um Approximatives, nicht einmal um Hoffnungen, eher um Möglichkeiten. Als ich einmal bei meinen Kollegen in der Leitung des Festivals in Todi zu bemerken wagte, immerhin war ich der Direttore Artistico, wir sollten uns um etwas mehr Einhaltung der angekündigten Beginn- und Pausenzeiten halten, bin ich wahrscheinlich ein wenig zu deutlich gewesen. Jedenfalls hat mein Verwaltungsdirektor damals mit der Würde eines gekränkten Dogen geantwortet: »Non è tutto perfetto, ma non siamo prussiani d'addozione.« Wir sind nicht perfekt, aber wir sind keine adoptierten Preußen. Ich habe verstanden.

Ich hätte es ja wissen können. Kurz bevor Hans Werner Henze sein Festival in Montepulciano begründete, hat es dort schon Opernfestspiele gegeben. Ich war 1973 Teil eines aufgeregten Publikums, das auf »Rigoletto« wartete. Ich wartete. Und wartete. Es hat eine halbe Stunde später begonnen als angekündigt. Cristina Deutekom, damals ein Sopranstar, in Italien genannt »l'usignolo olandese«, die Holländische Nachtigall, war Gilda. Das war also eine durchaus respektable Veranstaltung, dieser »Rigoletto« zwischen Dom und Palazzo Comunale auf der Höhe von Montepulciano. Dann kam die Pause. An der Piazza waren und sind mehrere Lokale. Man kann dort gut essen. Man hatte schon vor Beginn für die Pause seine Cena bestellen können, das hatte ich übersehen. Nun wurde zu Abend gegessen. Ich habe mich auf Wein konzentriert, und meine Sorge, ich könnte den nächsten Akt versäumen, war besiegt, als ich sah, dass ich mit dem Herzog am Tisch saß, einem lustigen, sympathischen Tenor, nicht ohne Umfang. Um 22.00 hätte die Vorstellung beginnen sollen, mit allen retardierenden Momenten war sie um 2.45 zu Ende, wir waren alle glücklich. Viva l'Italia.

1982 war ein Joseph-Haydn-Jahr, der 250. Geburtstag. Ich hatte im Theater an der Wien Premiere im Rahmen der Wiener Festwochen, zwei Haydn-Opern wurden gegeben, »Orlando furioso« von einem Regisseur aus Paris inszeniert, und »Das brennende Haus«, von mir inszeniert. Das ist eine Oper, geschrieben für das Marionettentheater des Fürsten Esterházy, uraufgeführt in Esterháza und so haben wir in Bühnenbild und Gesamtkonzept diesem Umstand Rechnung getragen.

Ich ließ das Bühnenportal mit einem zweiten, davor gesetzten versehen, das dem von Schloss Esterháza am Fertö, am Neusiedlersee, entsprach, mit dem Wappen des Auftraggebers in der Höhe. Fast lebensgroße Handpuppen wurden von schwarz gekleideten Tänzern und erfahrenen Puppenspielern geführt, unter ihnen waren der berühmte Marionettenfreund Norman Shetler, der Pantomime Rolf Scharre und der heutige Festwochenchef von Wien Markus Hinterhäuser.

Wir feierten einen fulminanten Erfolg, waren mit dieser Oper eingeladen zum Brucknerfest nach Linz und zu anderen Festivals und schließlich kam eine Einladung nach Neapel ins Teatro di San Carlo, allerdings das kleine Haus, Teatro di Corte. Dieses ehemalige Hoftheater des Königs von Neapel ist ein Rokokojuwel. Es war soeben komplett restauriert worden, nun hatten wir als Erste dort Premiere.

Ich habe damals viel zum Thema Italien gelernt. Als ich zur ersten technischen Probe kam, war ich alleine. Nur ein einzelner Bühnenarbeiter tauchte manchmal in einer Eckc auf und als er bemerkte, dass ich ihn bemerkte, war er wieder verschwunden. Auf diese Weise vergingen sicher zwei Stunden, ich war überzeugt, mich im Datum geirrt zu haben. Ja, sagte man mir in der Direktion, man habe mir nicht mehr sagen können, dass der Kulissenwagen irgendwo auf dem Weg von Rom nach Neapel stecke, also morgen, zur selben Zeit. Da war ich schon vorgewarnt und kam mit der Zeitung unter dem Arm.

Alles war wie am Vortag. Einsame Bühnentechniker schauten kurz nach, ob ich denn da sitze, und waren schnell wieder weg. In meinem damals noch sehr lückenreichen Italienisch fragte ich, was es denn heute sei – ja, Giulio, der Fahrer, wo mag er sein, er meldet sich nicht, seit er in Rom vor zwei Tagen losgefahren ist. Ich blieb ruhig und das war ein Glück. Innerlich war ich nicht ruhig – von drei für technische Proben vorgesehenen Tagen blieb nun nur mehr einer, und die Technik war sehr kompliziert. Das Brennen des Hauses musste der Musik und ihrem Rhythmus entsprechen, eine Geistererscheinung war zu proben, also … naja, calmo.

Am dritten Tag stand die Dekoration komplett und korrekt auf der Bühne, als ich, mit der Zeitung in der Tasche, am Morgen ins Theater kam. Die Probe verlief wie am Schnürchen – der Ausdruck ist beim Marionettentheater tatsächlich am richtigen Platz. Und ich hatte gelernt – sich nicht aufregen, mitleben im Takt, beweglich sein wie das Meer, wie Ebbe und Flut, wie das Wasser im Hafen.

An einem dieser Probentage zeigte sich ein anderes Problem. Der ausgehängte Probenplan entsprach nicht dem abgesprochenen. Mehrere Sänger standen da, diese hatten nun doch keine Probe, es war Orchestersitzprobe ohne Sänger angesetzt. Was tun? Ihre Probe ist erst in zwei Stunden. Ich ging mit der kleinen Truppe, in der mehrere Gäste aus Wien von der Staatsoper waren, wie der Sänger des Hanswurst, Heinz Holecek, auf einen Espresso in eine nahe Bar. Wir hatten danach immer noch eine gute Stunde Zeit, also – ein kleiner Hafenbummel, nur wenige Minuten vom Theater entfernt.

Auf dem Rückweg sah ich eine alte Frau am Straßenrand, die einen Plastikkübel vor sich stehen hatte, der randvoll mit rosa Rosen war. Mein Hotelzimmer war seltsam unfreundlich, das war die Gelegenheit. Ich kaufte den kompletten Kübelinhalt und würde nach der Probe diese vielleicht siebzig Rosen in meinem Zimmer verteilen, in geliehenen Vasen, sehr gut.

Wir schlenderten zum Teatro di Corte, waren pünktlich da, und als wir in den Probenraum kamen, empfing uns ein tobender Dirigent. Die Probendispositionen waren inzwischen so unklar geworden, dass auch er mit den Sängern hatte proben wollen, aber die waren ja inzwischen mit mir in der Hafenbar. Vor allem ich bekam nun die Empörung des Maestros zu spüren, als Regisseur und Barverführer. Zurückschreien war inopportun, ich wollte seine Autorität nicht beschädigen. Aber was war mit meiner Autorität? Im Angesicht des Orchesters, der Sängerschar, der Bühnenarbeiter? Meine Autorität war klar in Gefahr. Musste ich ja nun auch beschützen. Ich ging auf den schimpfenden Dirigenten zu und noch während seine Suada ungebremst in den Raum donnerte, legte ich ihm die kompletten siebzig rosa Rosen aufs Dirigentenpult. Dass sie die Partitur möglicherweise etwas nass machen würden, störte mich nicht. Solch einen Erfolg hat man selten. Das Orchester brach in Beifall aus, die Techniker applaudierten, die Sänger waren mit mir an Land gerettet. Der Maestro gab Ruhe, nur mein Hotelzimmer blieb leider ungeschmückt.

Auf dem Weg zum Hotel liegt, wenige Minuten entfernt vom Teatro San Carlo, ein Restaurant, das ebenso beliebtes Ziel für das Publikum wie für die Tenöre, Soprane und Dirigenten ist. Dort war ich in diesen Tagen immer wieder, es sprach sich herum, dass ich zurzeit als Regisseur am nahen Theater war. »Buon giorno, Maestro, ecco sua tavola!« Ich bekam meinen Stammtisch, die

Kellner waren unfreiwillig hilfreich auf meinem Weg zu besseren Italienischkenntnissen.

Einer von ihnen war besonders liebenswürdig und sprachgeduldig. Er hieß Maurizio – mit Gastronomen dieses Namens hatte ich auch später immer wieder Glück, ich komme noch zu einem von ihnen. Er erzählte mir von seinen berühmten Gästen, von Piero Cappuccilli, ein anderes Mal von Luciano Pavarotti, es ging immer um legendäre Sängerinnen und Sänger, er kannte alle und das noch sehr gut, bis zu Caruso hat er sich allerdings nicht gewagt. Und eines Tages hat er mich gerührt. Offenbar war ich auf seiner Werteskala schon etwas emporgestiegen. Maurizio wartete, bis ich beim Caffé Ristretto war, dann ging er feierlich auf mich zu. Er stand vor mir, sah mich an und zückte mit gemessenen Bewegungen seine Brieftasche. Er entnahm ihr eine gefaltete weiße Papierserviette. Er klappte sie auf, da sah man den Abdruck eines rot geschminkten Mundes: »Il bacio della Callas«*, sagte Maurizio voll Andacht.

Mit der »Feuersbrunst«, das ist der zweite Name der Oper Haydns, gastierten wir danach noch in Rom, im Teatro Ghione. Viele Jahre später hatte ich wieder in Rom mit Oper zu tun, mit der römischen Oper. Es war das Jahr des 100. Todestages von Kaiserin Elisabeth, und der österreichische Botschafter Birbaum hatte einen Gedenkabend angeregt. Das Opernhaus nahm den Gedanken auf, ich wurde beauftragt, den Abend zu gestalten.

Zuerst machte ich mich mit den zuständigen Bühnenvorständen bekannt, Orchester, Beleuchtung, Technikchef, schon diese Begegnungen wurden zum Vergnügen. Dann ging es an die Planung. Musik aus Österreich wählten wir, das war naheliegend,

---

* Der Kuss der Callas

und entschieden uns für ein Bühnenbild, das in Projektionen die Kaiserin zeigte, allerdings die lebende, und ihre nahe Verwandtschaft, Kaiser Franz Joseph – in Italien hatte er den Spitznamen »Cecco Beppe«, die Dialektformen von Francesco und Giuseppe – und die Kinder.

Zwischen den Musikstücken erzählte ich aus dem Leben Sisis, die wenigen Fotos wurden von großen farbigen Flächen abgelöst, damit nur ja nicht ein spießiger Diavortrag entstehen konnte. Den Umstand, dass Elisabeth von der Hand des Luigi Lucheni fiel, eines italienischen Anarchisten, habe ich verschwiegen.

Der Beifall war groß, danach gab es in der Oper eine Einladung. Zu ihr kam auch fast die komplette Regierung, die deshalb extra eine Sitzung abgebrochen hatte. Ich wurde dem Finanzminister vorgestellt, er hatte einen glänzenden Namen. Er hatte den Haushalt in Ordnung gebracht und auf diese Weise Italien die Möglichkeit der Mitgliedschaft beim Euro ermöglicht. Er hieß Carlo Azeglio Ciampi und wurde ein Jahr später Staatspräsident.

Unter den zahlreichen Gesprächen dieses Abends, viele Fragen zum Thema Elisabeth und Franz Joseph, ist mir eines in ganz besonderer Erinnerung. Ein Herr, der offenbar der besten Gesellschaft Roms entstammte, kam zu mir und begann ein Gespräch mit mehreren Fragen, die seinen informierten Hintergrund bewiesen. Und zum Abschied sagte er, er danke mir für das sfumato, das ich um den Umstand gemacht hatte, dass Kaiserin Elisabeths Mörder ein Italiener war – also für den Dunstschleier, die Rauchwolke. Damit war ich in Leonardo da Vincis Nähe gerückt worden, denn von ihm stammt die Sfumato-Technik.

Ein letzter dankbarer Gedanke an Oper und Italien: Als ich einmal vom kleinen sommerlichen Festival in Lucca heimkehrte, habe ich beschlossen, in Verona Station zu machen. Ich nahm gleich am Stadtrand, in der Nähe der Autostrada, ein Hotelzimmer und fuhr ins Zentrum.

Wie ich zu einer Eintrittskarte kommen würde, das wusste ich noch nicht, aber avanti, forza. »Turandot« stand auf dem Programm. Ich hatte Glück, Dirigent war der Österreicher Gustav Kuhn, der in Italien ein geradezu karajanhaftes Renommee hat, ich kannte und kenne ihn, wir sagen uns du, also vorwärts ins Dirigentenzimmer. Es gab einen Platz für mich, es hat nicht geregnet und nachher fand ich noch einen freien Tisch in dem berühmten, gerühmten Restaurant »Dodici Apostoli«, ein kleines Wunder ohne Reservierung, also wieder einmal: »Viva l'Italia!«

Libertà e Giustizia

1973 habe ich im Volkstheater in Wien meine letzte Premiere gehabt, bevor ich die Seiten wechselte und Intendant und Regisseur wurde. In »Hölderlin« von Peter Weiss war ich Filippo Buonarroti. Das war keine große Rolle, doch sie hat mich beschäftigt. Da war vom blutigen »Haupt Babeufs« die Rede – ich wusste damals nicht, wer dieser Babeuf war, und ich wusste nicht, was denn mein Buonarroti mit ihm zu tun gehabt habe.

1761 in Pisa, Toscana, geboren, seine Familie war wohlhabend und angesehen – sein Ahne war Michelangelos Bruder – wuchs er in liberaler Atmosphäre auf.

Der Fürst, Großherzog Pietro Leopoldo I., der spätere Kaiser Leopold II., herrschte modern, sein Land war Inbegriff eines im Geist der Aufklärung geführten Staates. Der junge Filippo Buonarroti genoss diese Freiheit und die Privilegien seiner Patrizierfamilie, er konnte studieren, konnte seine Gedanken frei entwickeln – und doch wurde ihm sein Land zu eng. Der Plan, im Staatsdienst, in Florenz, Karriere zu machen, sagte ihm nicht zu. Zwar hatte er geheiratet, hatte vier Kinder, doch die Eheleute entfremdeten sich mehr und mehr. Buonarotti war vom Freiheitskampf der Korsen tief beeindruckt – er wollte ihnen helfen. Immer wieder reiste er ins nahe Bastia und endlich verließ er die Toscana und seine Familie, ging zuerst nach Korsika, schließlich nach Paris. Er wurde ein fanatischer Anhänger der Revolution von 1789. Seine Wege und die des Korsen Napoleon Bonaparte kreuzten sich immer wieder. Ihre Ideen jedoch waren zu verschiedenartig, als dass ein engeres

Verhältnis hätte entstehen können. Napoleon meinte einmal rückblickend auf diesen italienisch-französischen Landsmann: »Buonarroti, der Nachfahre Michelangelos, er war ein talentierter Mann, redegewandt und integer … Er hätte mir in Italien sehr nützlich sein können.«

Aber die Absichten waren zu different. Die Hoffnungen des Intellektuellen auf Verständnis des Generals für die Idee der Einigung Italiens erfüllten sich nicht. Der Blick Buonarrotis auf Bonaparte war schließlich von Widerwillen geprägt: »Er hätte die Freiheit des Volkes wiederherstellen können, aber er versetzte ihr hingegen den Gnadenstoß aus purem Machtwillen. Er hatte das Glück Europas in der Hand und wurde zur Geißel des Kontinents.«

Aber am Ende scheiterte Buonarroti, wie viele Idealisten, viele Revolutionäre. Wenige Jahre vor Ende seines kompromisslosen Lebens voller Gefahren, geprägt von politischen Kämpfen, verfasste er das Buch »Verschwörung für die Gleichheit«. Damit schuf er eine Bibel für den jungen Sozialismus und sich einen Ruf bis zum heutigen Tag.

Dennoch überwog in seinen letzten Jahren die Resignation: »Das Volk ist nicht fähig zur Erneuerung aus sich selbst. Bevor man also an eine Verfassung oder an dauerhafte Gesetze denken kann, muss man eine revolutionäre Regierung auf ganz anderen Grundlagen als Freiheit und Frieden errichten.«

Buonarotti hätte es mit einem Gegner wie Silvio Berlusconi gerne aufgenommen. Sein Geist lebte und lebt weiter, auch nach seinem Tod 1837 in Paris.

2002 wurde in Mailand »Libertà e Giustizia« gegründet, Initiator und erster Präsident war der Jurist Gustavo Zagrebelsky. Im Piccolo Teatro kamen damals führende Intellektuelle zusammen, die nicht nur in Italien Gewicht hatten – Enzo Biagi, Umberto Eco, Claudio Magris und andere. Sie waren einig in ihrer Sorge um das Land, die Politik, den Zustand der politischen Parteien. Berlusconi hatte Italien verändert – und vor allem gegen diese Änderungen richtete sich die neue Gruppierung.

Sie nahm die Tradition einer Gründung des Jahres 1929 auf – »Giustizia e Libertà«. Dabei handelte es sich allerdings um eine politisch klar definierte Bewegung, dem radikalen Sozialismus verpflichtet. Sie entstand aus der Sorge um Italien, richtete sich gegen Mussolini und den Faschismus, sie bestand bis 1945.

Dabei war gerade das Jahr 1929 keineswegs das schlimmste der faschistischen Ära. Mit den Lateranverträgen, unterzeichnet am 11. Februar 1929, fand der beinahe sechzig Jahre dauernde Konflikt zwischen Papst und dem Königreich Italien ein Ende. Der Staat garantierte dem Vatikan Souveränität, dieser anerkannte gegenüber dem Königreich den Status Roms als Hauptstadt. Darüber hinaus wurde eine finanzielle Entschädigung für die Gebietsverluste des Vatikanstaates vereinbart und ein Konkordat wurde geschlossen. Seit dem Kriegsjahr 1870 hatte man auf diesen Schritt gewartet, nun war er getan. Mussolini lag sehr an der Unterstützung seiner Politik durch die Katholiken.

In diesen Monaten formierte sich in Paris die Gruppe italienischer Intellektueller zu einer Vereinigung, einer Bewegung, die keine Partei sein wollte. Einzig in der Abgrenzung gegen den Kommunismus gab es eine Gemeinsamkeit der verschiedenen Richtungen, die in »Giustizia e Libertà« vertreten waren. Ihr Ziel war eine liberale, demokratische Republik Italien. Daneben ging es ihnen vor allem um die Information der Weltöffentlichkeit über die Maßnahmen und Pläne der italienischen Faschisten.

»Libertà e Giustizia« hat in kurzer Zeit in ganz Italien eine große Zahl von Mitgliedern gefunden. Die prominenten Proponenten wurden nicht müde, in gedruckten Aufrufen, Kundgebungen, Vorträgen ihr Credo zu verkünden, auch und vor allem mit Schlagworten und Slogans wie »Gebt uns unsere Demokratie zurück!«, »Brechen wir das Schweigen!« oder »Ricucire l'Italia! – Flicken wir Italien!«.

Passeggiata v

G: »Wie geht es deinem Enkelkind Sweety?«

R: »Sveti. Frag mich nicht. Immerhin, jetzt ahnt sie, dass diese ganze Bunga Bunga Teufelei ein großer Blödsinn war. Sie kokettiert mit einer Schule. Jetzt will sie Model werden, zu meiner Zeit hat das Mannequin geheißen.«

G: »Da ist sie doch in guter Gesellschaft – die vielen schönen Italienerinnen! Und eure Modeschöpfer, alle diese Valentinos und Armanis und Guccis brauchen doch ständig neue schöne Mädchen für ihren Laufsteg.«

R: »Jaja, sicher. Früher war das Ideal die Mamma, gut, das geht nicht ewig. Und dann der Film! Aber denke doch, wer war das einst – Sophia Loren, Claudia Cardinale, Ornella Muti, Giulietta Masina! Das waren weibliche Ideale! Und nicht diese Cavaliereweiber, wie …«

G: »Ruggero, nicht, lass das sein. Ich will das ja abdrucken, unsere Gespräche, und ich mag keinen Konflikt mit der Justiz.«

R: »Lollobrigida, Silvana Mangano, Lucia Bosé, Alida Valli, …«

G: »Ja, Ruggero, ich weiß, mindestens ab der Duse …«

R: »Das ist zu lang her, aber Monica Vitti, Anna Magnani, übrigens, Pupella Maggio ist gestorben.«

G: »Ich weiß, aber das ist schon einige Jahre her …«

R: »Ich habe es aber erst gestern erfahren!«

G: »Und sie passt auch nicht ganz in diese Reihe, so wunderbar sie war.«

R: »Die italienische Frau, das war doch ein Ideal! Franca Rame, Oriana Falacci, Carla Fracci und …«

G: »Aufhören! Ich muss ja alle diese Namen sonst erklären, also bleiben wir bei den allerberühmtesten.«

R: »Gut. Also Mirella Freni, Renata Tebaldi, die Callas …«

G: »Die war Griechin.«

R: »Ja, aber eingemeindet und a apropos, die Griechen! Andere Situation! Sicher, bei uns gibt es diesen Spruch, dass man selber besser weiß, wie man sein Geld anlegt, der Staat habe keine Ahnung. Aber jetzt, wo es brennt, da sind wir da und halten zusammen! Aber du wolltest doch über die italienischen Frauen sprechen, also …?«

G: »Du verwirrst unser Gespräch ein wenig. Und heute berührt mich eure weinende Sozialministerin, der das Geld fehlt, um zu helfen, weit mehr.«

R: »Ja, nichts mit Bunga Bunga, die Ministerin gefällt sogar meiner Enkelin. Es gibt also Hoffnung.«

Die Carabinieri

Seit zwei Tagen ist die kleine Gruppe in Venedig, siebzehn Pensionisten, angereist im Bus aus Salzburg. Zwölf Damen und fünf Herren, die meisten Witwen und Witwer, nur drei Ehepaare sind unter ihnen.

Frau Leitgeb wohnt in Anif, nahe der Landeshauptstadt. Sie war einmal bei der Salzburger Sparkasse angestellt, in der Zentrale. Da hatte sie nur wenige Minuten zurückzulegen zu den Zielen, die ihr privat die wichtigsten waren – ihre Wohnung in der Judengasse, das Landes-Museum und das Spielzeug-Museum, die Buchhandlungen. Und auch zum Petersfriedhof war es nah, zum Familiengrab. Dort liegt ihr Mann seit vielen Jahren, er war jung gestorben.

Als Irene Leitgeb in Pension ging, war sie vorbereitet. Sie wusste, dass ihr nun die große Wohnung – sie war ja für wenigstens zwei Menschen gedacht gewesen – zu teuer sein würde. Sie hat keine Kinder und für sich selbst brauchte sie nicht so viel Platz. In Anif wohnt ihre beste Freundin, also zieht auch sie weg aus der großen Stadt. Und jetzt begann ein neues Leben – Reisen und Planen. Dafür geben die beiden Damen das meiste Geld aus, für die Reisen selbst, für entsprechende Kleidung, für Bücher zur Vorbereitung. So waren sie schon am Mont St. Michel in Frankreich, in Stonehenge bei den Kelten, beim Festival von Dubrovnik … Aber das mit Abstand liebste Ziel ist den beiden Damen – Italien. Und schuld daran sind die Carabinieri.

Beim ersten Mal Venedig, da geht man in den Markusdom und

in den Dogenpalast und ins Teatro la Fenice und eben überall dorthin, wohin der Reiseleiter einen führt. Aber da ist noch so vieles in den Büchern zu sehen, da gibt es Inseln und eine Festung und eigenartige Kirchenfassaden, man muss eben wiederkommen.

Frau Leitgeb ist einmal alleine wiedergekommen, ohne Reisebüro, nicht im Autobus, sie ist im Zug gereist und hat sich ihr Hotel selbst gesucht. Dass sie kein Wort Italienisch spricht außer »Grazie« und »Prego«, das hat die Suche nach all dem in den Reiseführern und Kunstbänden Entdeckten nicht einfacher gemacht. Heute sucht sie schon zum dritten Mal diesen Palazzo mit der Stiege, dieser gewundenen. Sie weiß, wie der Palazzo heißt, sie hat auch einen Lageplan in einem ihrer Bücher, aber sie findet ihn nicht. Dabei hat sie sich schon ein Herz genommen und gefragt – ein bisschen Englisch, viel Deutsch, und natürlich »Prego« und »Grazie«. Genützt hat das nicht, das waren wohl auch Touristen. Woran kann man Einheimische erkennen, echte Venezianer?

Frau Leitgeb wollte aber nicht aufgeben. So ist sie am nächsten Tag wieder losgezogen, mit Reiseführer und Fotoapparat, ein vierter Versuch. Dabei säße sie eigentlich gerne vor der Markuskirche, dort spielen jetzt diese kleinen Musikkapellen. Aber die Stiege – die will sie jetzt endlich finden.

Eine leere Gasse, niemanden kann man fragen. Wen soll man überhaupt fragen, nach diesen Misserfolgen. Ja, einen Briefträger, aber wie sieht der wohl aus und kann er etwas anderes als Italienisch? Das Foto, gewiss, das kann man den Menschen zeigen, da verstehen sie wohl auch ohne Frage. Aber wem?

Und da kam es zu der Begegnung, die dem italienischen Tourismusamt eine ganze Reihe von neuen Gästen gebracht hat, die für einen Italienboom in Anifer Pensionistenkreisen geführt hat.

Frau Leitgeb sieht einen Mann in Uniform, aber was für einen Mann! So hat ein Italiener auszusehen, nur so! Man kennt diesen Typ Mann aus dem Fernsehen – schlank, dunkles Haar, der lässige

Gang, die elegante Uniform, die sitzende Krawatte. Ihn wird man jetzt fragen, ihm wird man das Foto mit der Stiege zeigen – selbst wenn er nichts weiß, hat man ihn immerhin aus der Nähe gesehen. Also Mut – Frau Leitgeb fragt.

Der Carabiniere Muzio Storti hat seinen ersten Tag am neuen Dienstort. Gestern ist er aus Assisi angereist, aus Umbrien, seiner Heimat. Eigentlich wollte er lieber nach Padua versetzt werden, dort wohnt Cecilia, die Verlobte. Doch es wurde Venezia, auch nicht schlecht. Und so schlendert Muzio nun seit einer Stunde durch diesen Stadtteil, alles ist anders als in Assisi, anders als in Padua, wie orientiert man sich mit diesen Hausnummern, die oft nicht einmal in der Reihenfolge stimmen – und da steht plötzlich

eine alte Dame und spricht zu ihm und er versteht kein Wort. Die Dame hält ein Buch in die Höhe, deutet auf ein Foto – irgendein Haus, ein Palazzo wohl, sie wird das sicher suchen.

Der Caporale Storti hat ein Mobiltelefon. Er weiß, dass er sein Land gegenüber den zahllosen Touristen symbolisiert, dass er mehr ist als ein Gendarm, der Dienst tut, er ist ein Repräsentant. Frau Leitgeb ist an den Richtigen gekommen.

Muzio telefoniert mit seiner Dienststelle, liest den Titel des Buches vor, hat Glück. Der Maresciallo spricht ganz gut Deutsch, er ist seit vielen Jahren in Venedig, er wird gleich hier sein.

Und dann war er hier, hat salutiert und sich mit Namen vorgestellt »Amadori, Maresciallo«, und er kennt diesen Palazzo, findet

den Weg über campi und campielli, ja, er kann sogar noch von der Geschichte der Familie Contarini-Bovolo erzählen, die den Palazzo auch heute noch bewohnt und ihn vor sechs Jahrhunderten hat errichten lassen. Frau Leitgeb lauscht und fotografiert und ist froh, gefragt zu haben.

All das hat sie schon oft erzählt und auch heute bekommen die sechzehn Reisegefährten beim Abendessen die Geschichte von Muzio und dem kunstliebenden Unteroffizier und der gewundenen Treppe zu hören, gekrönt von einem Lob für die Carabinieri.

Ein Carabiniere ist kein Polizist. Auch mit der Bezeichnung Gendarmerie trifft man nicht das Wesen der Carabinieri. Dies Besonderheit ist geprägt von ihrer eigenen, unverwechselbaren Geschichte.

Jedes Jahr am 13. Juli feiern die Carabinieri Geburtstag. Gegründet 1814, also noch viele Jahre vor der italienischen Einigung, ja vor dem eigentlichen Beginn des Risorgimento, haben sie sich in ihrer fast zweihundertjährigen Geschichte einen festen Platz im Alltag ihres Landes geschaffen, der sich nicht mit der entsprechenden Tradition anderer Länder vergleichen lässt. In den kleinsten Orten Italiens sind die Carabinieri präsent, in allen Regionen. Begonnen hat diese Geschichte im Königreich Piemont-Sardinien. Durch Erlass des Königs wurde ein Corps geschaffen, zu Fuß und zu Pferd, dessen Angehörige sich in ihrem Dienst in der Armee »durch gute Führung und Klugheit« ausgezeichnet haben mussten. Die neu geschaffene Truppe hatte, damals wie heute, eine zweifache Funktion – sie sollte und soll, ausgestattet mit Sonderbefugnissen, besondere Aufgaben übernehmen, und sie hat eine Vorrangstellung gegenüber anderen Teilen der bewaffneten Macht Italiens in der Verteidigung des Landes im Falle einer Bedrohung durch einen anderen Staat.

Die Uniform des Gründungsjahres wurde später zur Paradeuniform – dunkelblau, Zweispitz mit Kokarde und rot-blauem Federbusch, silberner Kragenspiegel, ein doppelter roter Längsstreifen an den Hosen der Berittenen, ein einfacher an jenen der Carabinieri zu Fuß.

Solange Italien von Königen regiert wurde, gab es ab der Mitte des 19. Jahrhunderts die »Carabinieri – Schwadron der königlichen Garden«, die auch die Republik beibehalten hat, nun heißt die Truppe »Carabinieri – Kommando der Wachen des Staatspräsidenten«.

Mit Erlass vom 24. Jänner 1861 wurden die Carabinieri zur »ersten Waffengattung« des italienischen Heeres ernannt. Diese Sonderstellung haben sie behalten – und sind stolz darauf.

Dass gerade diese Truppe von der Bevölkerung so sehr akzeptiert ist, hat mehrere Gründe: Man kennt »seinen«, den lokalen Maresciallo. Das ist kein Feldmarschall, sondern der Wachkommandant, ein Unteroffizier, und man kennt seine Leute. Die Anonymität, die in den meisten anderen Staaten das Verhältnis der Bevölkerung zu den wechselnden Polizeibeamten und immer wie-

der versetzten Gendarmen prägt, gibt es hier kaum. Ihre Pflicht-
treue, die Achtung von Gesetz und Staat, kamen dem Verständnis
der Bürger für die öffentliche Ordnung zugute. Natürlich sind die
Italiener Menschen wie überall – aber das Vertrauen in die Carabinieri ist ein überproportionales.

Dazu kommt, auch wenn diese finsteren Jahre nun schon lange
zurückliegen, das Verhalten der Carabinieri zur Zeit der Besetzung weiter Teile Italiens durch Hitlerdeutschland.

Die große Erfahrung im Kampf gegen das Banditenunwesen in
den Abruzzen, auf Sardinien, auf Sizilien, im 19. und auch noch
im 20. Jahrhundert, kam den Carabinieri zugute.

In Rom und in der Provinz Latium stellte man die »Fronte
Clandestina dei Carabinieri« zusammen, die »Geheime Carabinieri Gruppe«, 6000 Mann. In Mailand, in Bergamo, im Veneto
und in anderen Regionen nahmen andere Gruppen den Kampf
auf, insgesamt waren 13.500 Mann, vom einfachen Soldaten bis
zum hohen Offizier, in der Widerstandsbewegung.

Immer wieder haben diese uniformierten Partisanen sich vor
die bedrohte Bevölkerung gestellt, haben den Tod in Kauf
genommen, wenn an ihrer Stelle Unschuldige, am Kampf gar
nicht beteiligte Geiseln vor die Erschießungskommandos hätten
treten müssen. Der Vizebrigadier Salva d'Acquisto opferte sich
und rettete dadurch 22 Geiseln, ein besonders bekannter Fall aus
Rom. 2.735 seiner Kameraden fielen in diesen Jahren des Wider-
stands.

Nach dem Zweiten Weltkrieg gewann der Kampf gegen das
wiederauflebende Bandenwesen seine frühere Bedeutung.

Dazu kam in wachsendem Maße die Opferzahl durch die Aus-
einandersetzungen mit der Mafia. In der langen Liste der Toten,
die der Cosa Nostra zum Opfer fielen, stehen zahlreiche Namen

von Offizieren und Unteroffizieren der Carabinieri – der prominenteste war General Carlo Alberto Dalla Chiesa.

Und zusammen mit ihren Chefs, dem Juristen Borsellino und dem Untersuchungsrichter Giovanni Falcone, fielen auch ihre Leibwächter. Falcone hatte eine Sonderkommission zum Kampf gegen die Mafia eingerichtet. Rund 400 Mitglieder der Mafia wurden in einem Prozess angeklagt, 22 Monate hat er gedauert, und die meisten von ihnen wurden damals verurteilt. Dabei wurde bewiesen, dass auch hochrangige Politiker involviert waren, auch ihnen drohten langjährige Strafen. Der Slogan, der Kampfruf, der politisch motivierten Brigate Rosse – »Lotta continua« – galt und gilt nicht nur für die Mafia, sondern ebenso für ihre Verfolger.

Antonio Pappalardo war ein höherer Offizier, als ich ihn kennenlernte. Er hatte ungemein viele Interessen, auch deshalb haben wir uns vom ersten Augenblick an gut verstanden. Dazu kam, dass er exakt einen Tag älter ist als ich, das hatten wir sehr schnell festgestellt. Dass dieser Carabinieri-Oberst auch künstlerische Interessen und Fähigkeiten hatte, führte zu einem engeren Kontakt.

Sein Wochenendhaus steht in den Sabinerbergen in der Nähe Roms, genau da, wo Quintus Horatius Flaccus sein Landgut besaß, das ihm der berühmte Maecenas geschenkt hatte. Die Quelle, die dort aus dem Berg sprudelt, hat schon Horaz Freude gemacht und nunmehr war sie eine Art mystische Verbindung Pappalardos zu dem großen altrömischen Satiriker und Lyriker.

Wer ihn in diesem Haus bei Licenza besucht, bekommt nicht irgendein Mineralwasser, sondern das aus der Quelle des Horaz angeboten, beruhigenderweise neben anderen Getränken.

Die politischen Ambitionen Pappalardos, der zeitweise auch Abgeordneter war, haben mich weniger interessiert, die künstleri-

Zu Gast beim General – und bei Horaz

schen umso mehr. Er hat zwar auch Fachliteratur zu militärischen Themen verfasst, aber vor allem ist er Musiker und Komponist, dank seines Musikstudiums. Zudem hat er irgendwann zwischendurch auch noch Zeit gefunden, an der Universität ein Jurastudium mit der Promotion abzuschließen.

Seine Komposition aus Anlass des fünfhundertsten Jahres des Petersdoms in Rom wurde 2007 aufgeführt, seine Missa Militum, allen Soldaten der Welt und ihrer Friedensmission gewidmet, haben wir beim Arteuropa-Festival in Todi zur Uraufführung gebracht. Seine Komposition »Der Wind von Mykonos« kam

2005 in Rom zur Uraufführung, den Text hat der bedeutende Lyriker Corrado Calabrò verfasst.

Antonio Pappalardo ist mittlerweile General – und soll hier als ein Beispiel stehen. Auch das ist Italien.

Durch einen Erlass des Königs von Piemont-Sardinien Viktor Emanuel I. kam es zur Gründung der Carabinieri am 13. Juli 1814. Dieser Tag ist jedes Jahr Anlass für eine Jubelfeier, die beim Jubiläum 2014 noch glänzender sein wird als in gewöhnlichen Jahren.

Im Park der Villa Borghese in Rom treten an diesem Abend mehrere tausend Angehörige des Carabinieri-Corps an, zum Teil in historischen Uniformen, zum Teil in ihrer Arbeitskleidung als Fallschirmjäger oder Seeleute. Mitten drin die berühmte Musikkapelle, mehr als hundert Musiker, mit ihrem Maskottchen, einem kleinen weißen Hund. Damit nicht genug, es gibt auch eine berittene Musikkapelle. Der Staatspräsident erscheint, begleitet von der Ehrenformation seiner Garde, den Corazzieri, auch sie gehören zu den Carabinieri. Er ehrt an diesem Tag die Verwundeten und Gefallenen des letzten Jahres, übergibt Auszeichnungen.

Und es kommt vor, dass da eine kleine Familie in schwarzen Kleidern steht, die den Vater verloren hat, bei einem Schusswechsel mit Verbrechern, bei einem Hubschrauberabsturz. Ich habe Präsident Oscar Luigi Scalfaro bei dieser Gelegenheit aus der Nähe gesehen, er hat einen kleinen Buben auf sein Knie gesetzt, und er hat ihm gesagt: »Ich kann dir deinen Papa nicht wiedergeben. Er hat sehr viel für uns und unser Land getan. Ich kann dir nur versprechen, dass wir ihn nie vergessen werden und hier gebe ich dir seinen Orden.«

Gegen Ende des Festes erscheint die Fahne von 1814, die

Kapelle intoniert Verdis »Va pensiero« und tausende Menschen singen mit. Das hat heute mehr mit Freude an berühmter Opernmusik als mit einem Österreich-Protest zu tun. Zudem mag solch ein Fest für diesen oder jenen Patrioten wirklich begeisterte Gedanken auslösen, am Ende ist es eine Art von Folklore. Nun hört man einmal noch die Stimme des Platzsprechers mit einem einzigen Wort: »Carosello!«

Das erinnert an die barocken Reiterspiele, an die »Karusselle«, wie sie in den Winterreitschulen und bei großen Festen von kostümierten Aristokraten geritten wurden. Heute aber sieht man hundertfünfzig Carabinieri auf braunen, hundertfünfzig auf weißen Pferden, in ihrer historischen Galauniform, sie spielen »Attacke« mit gezogenem Säbel und die Theaterfreude Italiens hat ihr Fest.

Man kann, wenn man Glück und eine Einladung hat, an Ort und Stelle dabei sein, man kann die Festa dell'Arma dei Carabinieri aber auch im Fernsehen miterleben.

Rom. Festa dell'Arma dei Carabinieri, der Staatspräsident erscheint

PASTA

Noch vor einigen Jahren konnte man am Morgen im ORF-Radio einen Küchentipp hören, der jetzt wohl nicht mehr denkbar ist. »Guten Morgen! Die Ferien kommen näher, die Sehnsucht nach dem Süden wächst, wo die Zitronen blühen!«, sagte die Moderatrix. »Wir machen heute Pasta asciutta.«

Das meint eine Pasta »trocken«, also nicht »in brodo«, als Suppenbeilage. Dann folgte das Rezept: »Eine große Zwiebel schälen und in Würfel klein schneiden, Suppengrün waschen und …« so fort. Und als die Zubereitungsanweisung bei den Hörern angekommen war, gab die Moderatrix noch einen Gesundheitstipp. Wenn man abnehmen wolle, so sollte man nur die Pasta essen und die Nudeln weglassen …

Pasta – das Wort bedeutet einfach »Teig« und sonst nichts. Vor allem Hartweizengrieß dient ihrer Herstellung. Daneben gibt es auch Pasta aus Hartweizengrieß mit Eiern, »all'uovo«. Auch in anderen Zusammensetzungen und aus anderen Getreidesorten wird Pasta erzeugt, aus Dinkel, Buchweizen, Roggen. Aber wir wollen uns hier nicht auf die Nebenlinien dieser royalen Speise konzentrieren, sondern auf die Hauptlinie.

Die lange verteidigte Behauptung, Marco Polo habe die Kultur der Pasta, vor allem Spaghetti, aus China mitgebracht, ist längst als Unsinn entlarvt. Schon im alten Rom kochte man sie und das ist in einem Agrarland ja auch kein Wunder. Auf Grabsteinen der Etruskerepoche sind Küchengeräte zu sehen, die der Pastakoch zum Einsatz gebracht hat, also hat Marco Polo schon längst seine Ravioli aus dem heimatlichen Venedig gekannt. Denn, wenn man China da vielleicht infolge mangelnder Forschungsergebnisse momentan noch Unrecht tut, im Reich der Mitte sind Pastabeweise für die gleiche Zeit zu finden wie in Rom, wie im antiken Griechenland, etwa am Beginn unserer Zeitrechnung, und ein wenig früher.

In Rom kann man ein eigenes Museum besuchen, das diesem so eminent italienischen Thema gewidmet, nein, eher geweiht ist, notabene in der Ewigen Stadt. Das Museo Nazionale delle Paste Alimentari befindet sich ganz nahe dem Quirinalpalast, hier ist der Amtssitz des Staatspräsidenten, an einem kleinen Platz, dem Vicolo Scanderbeg. Über dem Eingang gedenkt eine Tafel des Namensgebers, der im Abendland als Georg Kastriota berühmt wurde. Wie der Nationalheld von Albanien zu dieser Museumsnähe kommt, ist nicht geklärt. Hingegen ist sicher, dass er durch seinen jahrzehntelangen Kampf gegen die Osmanen in ganz Italien hoch angesehen war. Der Papst gab ihm den Ehrentitel »Athleta Christi«, Antonio Vivaldi hat eine Oper komponiert, die seinen Namen trägt. Pasta in der einen oder anderen Form hätte aber durchaus in seinem Leben eine Rolle spielen können – wenigstens im diplomatischen Bereich.

Der Venezianer Marino Cavalli (1500–1573) hat einen Ratgeber für Diplomaten verfasst, für den eigenen Sohn vor allem, der des Dogen Gesandter in Bayern war. Er selbst hatte sich reichlich Erfahrung erworben, vor allem in seiner Zeit als Gesandter der Serenissima am Hofe Franz I. von Frankreich, wo er von 1544 bis 1546 war.

Von ihm stammt eine Tradition Venedigs – die Botschafter der

©Museo Nazionale
delle
Paste Alimentari

Serenissima hielten ihre Erfahrungen umfassend fest, den Fach-
ausdruck *relazione* für diese Berichte hat er geprägt.

In seinem Handbuch schreibt Cavalli:

Ich erinnere mich, in Wien einmal einen italienischen Koch gehabt
zu haben, der ausgezeichnete Pasteten und Ravioli herstellen
konnte, wie man sie in der Lombardei hat. Der Bischof von Erlau,
ein Frangipani (Anm. d.Verf.: Erlau ist das heutige ungarische
Eger, die Frangipani sind ein erloschenes Adelsgeschlecht) bat mich,
ihm ein großes Gericht Ravioli zu schicken, denn er konnte nicht
an die Lombardei denken, ohne den Wunsch zu haben, diese zu

essen. Frangipani wurde wunderbar mit zwei Platten bedient, und er erwies mir die Ehre, eine von ihnen als Geschenk an den König, der jetzt Kaiser Ferdinand ist, zu senden, und ihm zu sagen, woher das Geschenk kam, sodass einige Zeit über dieses Gericht viel gesprochen wurde. Solches bringt einem Gesandten an jedem Hof hohe Gunst!

All das und viel mehr lässt sich im Pastamuseum von Rom lernen. In elf Räumen, die zudem den Vorteil haben, dass sie nicht ganz so überlaufen sind wie die Vatikanischen Museen, trifft man Truffaldino und Arlecchino, Sophia Loren und Ingrid Bergman und den ebenso großen Totò. Auf zwei Ebenen sind die vielen Exponate zu sehen, Modelle von Maschinen, literarische Texte, Fotografien.

So gerne auch Touristen und regelmäßige Italienbesucher sich der Pasta widmen, so wenig ist ihnen zu dem Thema bekannt oder gar selbstverständlich. Das verwundert nicht, denn die Spaghettibegeisterung als Folge der Reiselust und der unzähligen italienischen Lokale außerhalb Italiens hat noch keine lange Tradition. Wenn auch weite Teile des Landes, das Veneto, die Lombardei, Modena, Toscana, zu Österreich gehörten oder von österreichischen Herrschern regiert wurden, in den Büchern zum Thema Wiener Küche lassen sich nur oder vor allem diese drei, vier Rezepte finden: Spaghetti mit Paradeissauce, Makkaroni, Makkaroniauflauf, Makkaroni gratiniert. Und sie firmieren unter »Beilage« oder noch ärger unter »Sättigungsbeilage«.

Für Ludwig van Beethoven waren sie Hauptspeise, ja sogar Lieblingsspeise – Makkaroni mit Käse, damals und heute mit diesen zwei »k« geschrieben und nicht auf Italienisch. Auch dieser Umstand soll einen nicht wundern. Die Pasta asciutta, die suppenlose, trockene, leitet ihren Namen ab von asciugare, asciutto, fem. asciutta, also trocknen, getrocknet, und kommt auf dem Weg in den deutschen Sprachraum zumeist als »Pasta schutta« an oder, nicht weniger arg, selbst im renommierten Sacher-Kochbuch als »Pasta à sciutta«, also »auf die Art von Sciutta«, was auch immer das sein mag, dieses oder dieser »Sciutta«. Aber auch das ist kein Wunder, da der Sprachgebrauch aus der Grappa »einen Grappa« gemacht hat, der Wein aus dem Valpolicella-Tal bei uns Germanen und Norikern gerne Valpolicello genannt wird und man nicht einen, sondern leider eine Minestrone bestellt, wiewohl diese -one Endung dezidiert männlichen Geschlechts ist.

Totò und Pasta, die Loren und Pasta

In der langen Liste der Pastarezepte im Kochbuch der Accademia Italiana della Cucina werden rund 180 Speisen genannt, aus allen Regionen. Das beginnt mit Agnolotti alla marchigiana, Agnolotti alla romana, Agnolotti alla toscana, das ergibt schon drei Regionen und geht über Lasagne, Maccheroni, Testaroli bis zu Vincisgrassi. Sind allein diese beiden letzteren Namen für den Ausländer geradezu exotisch, so wird es bei anderen Namen von Pastarezepten oder Pastasorten vollends verwirrend. »Lasagne nach Fürst zu Windisch-Grätz« sind eine deutliche Erinnerung an die österreichischen Jahre, in Italiano »Vincisgrassi«, man erkennt den deutschen Namen wieder, gut.

Was aber sind Strangulaprièvete? Piccagge? Und weshalb heißen Strozzapreti so, »Priesterwürger«? Die Erklärung bringt nicht viel, sie sehen aus wie kleine gerollte Handtücher und mehr mag man sich dazu gar nicht vorstellen.

Im Museo delle Paste sind sie aufgelistet, alle 193 Namen finden sich da. Alle? So nennt die Liste eine Suppennudelart nicht, ein Beispiel, die bei Kindern in der halben Welt angeblich immer noch beliebt ist, Buchstabennudeln, die Alfabeti, und auch eine mir aus Jahren in der entsprechenden Region vertraute Pasta steht nicht auf der Liste, Cappelletti umbri, »umbrische Hütchen«, die anders aussehen als die »Hütchen« in anderen Landesteilen.

In den Autobahnraststätten gibt es natürlich seit Jahrzehnten neben Grana, Spielzeug, Panforte di Siena auch Pasta zu erwerben, auch die auffällige bunte – und sie ist gar nicht so, wie man es vielleicht erwartet. Sie kann durchaus gut sein. Diese feste Überzeugung, es werde alles eben nur auf originalem Boden, in der Stimmung von Hafen, Flirt, Straßenmusikern, so schmecken, wie man es erträumt, stimmt ja nicht. Der gut transportierte und gelagerte Grechetto aus Umbrien schmeckt auch zuhause, ebenso der Barolo und die Pasta. Man muss lernen, mit diesen Souvenirs umzugehen – das ist doch schon lange kein Problem, ja kein Thema mehr.

Pasta wird am besten zuhause hergestellt – wenn man das kann. Wenn nicht, kauft man sie fertig. Außerhalb Italiens gibt es, nehmen wir nur den deutschen Sprachraum, von Berlin bis Hamburg, Wien bis Aachen, viele kleine Erzeuger, die mit ihren fast täglich frischen Produkten für Freude sorgen. Und in Italien selbst – neben den großen, jahrhundertealten Fabriken wie Barilla – findet man in jeder größeren und kleineren Stadt Bäcker und auf Pasta spezialisierte Teigkünstler. Ich decke mich vor der Abreise aus Rimini ein mit den Produkten des lokalen Erzeugers Ghigi, Erfahrung seit 1870. Und so gibt es allenthalben nicht nur Giganten wie De Cecco oder Barilla, sondern auch regionale, gerühmte, kleinere Betriebe wie Martelli, Ferraro, Molisana, Marella.

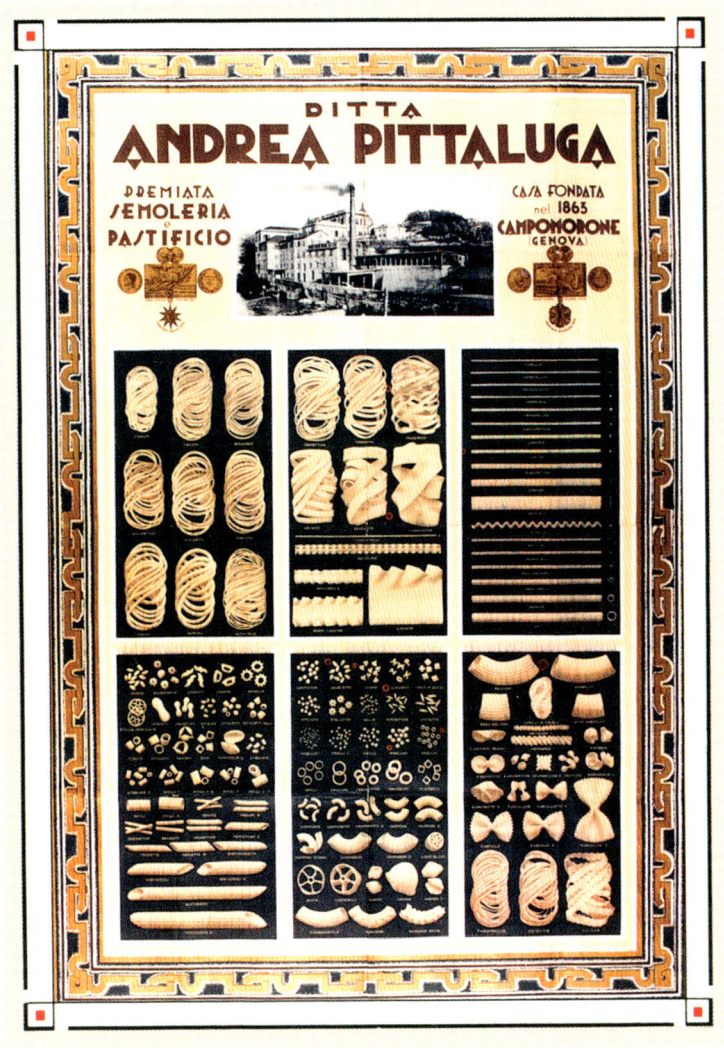

Die Vielfalt – Werbeplakat eines 150 Jahre alten Familienbetriebs

In Sansepolcro in Umbrien liegt die Heimat des Malers Piero della Francesca. Und die Heimat von Buitoni – der ersten Pastafabrik, besser Pastamanufaktur der Geschichte, 1827 gegründet.

Sicher, wer es kann, macht sich die eigene Pasta im eigenen Haus, wer es eben kann. Die auf Haushaltsbedarf spezialisierten Geschäfte bieten nicht nur die klassischen Kaffeemaschinen an, sondern auch Geräte, die der Hausfrau, dem Hausmann, zur Erzeugung der Pasta casalinga dienen, der ganz speziellen, familieneigenen.

Wenn das zu viel Mühe macht, hat man jedenfalls kein Problem, Fertiges zu erwerben und dann je nach Rezept weiterzumachen.

Passeggiata VI

G: »Morgen fahre ich wieder.«

R: »Wohin diesmal?«

G: »An sich egal, ich will nur gerne weg.«

R: »Ah ja, heute ist Ognissanti, du besuchst die Gräber deiner Familie!«

G: »Allerheiligen alleine wäre kein Grund, ich kümmere mich auch während des Jahres um die Gräber. Aber diese seltsame Feier am 4. November steht vor der Türe, und das ist mir nicht angenehm. Da ist meine echte Existenz als Österreicher und die gewachsene zweite als Italiener immer am Rande der Schizophrenie. Vittorio Veneto!«

R: »Wenn du das, wie du es angekündigt hast, wirklich niederschreiben willst, wirst du erklären müssen, wovon du jetzt sprichst. Das weiß ja kaum einer mehr, zum Glück.«

G: »Gut, danke. Ich wende mich nun von dir ab und an den Leser: Am 4. November wird in Italien der Sieg von Vittorio Veneto gefeiert. 1918 haben die Österreicher bekanntlich am 3. November die Waffen niedergelegt, allerdings nicht überall, die Armeeführung hatte ja nur mehr begrenzte Kompetenzen. Ungarn hatte sich schon am 31. Oktober von Österreich losgesagt, Tage zuvor auch schon Kroatien und die damals entstehende Tschechoslowakei. In Padua und in Trient warteten Waffenstillstandskommissionen auf Direktiven aus Wien, aber von dort kamen nur einander widersprechende Telegramme. Kurz, es gab also endlich den Waffenstillstand, der 4. November gilt als Kriegsende. Und nun weiter im Gespräch:

Schau, Ruggero, ich habe ja nur mein Problem mit den auf der Piazza am 4. November jedes Jahres immer noch aufmarschierenden Truppen, mit den Generälen und Admirälen und Militärkapellen, fast hundert Jahre nach diesem Tag des italienischen Erfolgs bei Vittorio Veneto.«

R: »Wann warst du zuletzt an einem 4. November in Italien?«

G: »Na, weil ich dieses Säbelrasseln nicht ertrage, zuletzt, nun, ich glaube, 1988.«

R: »Siehst du, jetzt hast du es, du weißt das noch nicht, offenbar. Hier wird nicht mehr auf der Piazza säbelgerasselt, du kannst ruhig hierbleiben. Niemand feiert mehr den alten Sieg, wenigstens nicht offiziell mit Fahne und Marschmusik.«

G: »Mhm. Nicht gewusst. Also wieder einmal Viva l'Italia.«

R: »Du bist ja da etwas offener, aber wenn ich an deine Landsleute denke, an einige wenigstens, die ich in den vielen Jahren durch das Hotel kennengelernt habe … Die dünnsten Bücher der Literatur – das englische Kochbuch, die italienischen Heldensagen und so weiter. Stimmt ja alles nicht, die Engländer können kochen und die Italiener haben auch Helden.«

G: »Ja, einverstanden.«

R: »Du bist heute nicht sehr gesprächig, also spreche ich statt dir. Ihr meint doch auch, die Italiener wechseln schnell die Fronten und sind ganz geschwind an der Seite des Siegers.«

G: »Das wird gerne so gesehen.«

R: »Stimmt auch nicht. Wir lassen Sieger auch gerne hängen. Es kommt auf das jeweilige persönliche oder Staatsinteresse an. Bei euch heißt das, wenn man unbedingt zusammenbleibt, auch wenn man dadurch untergeht, Nibelungentreue.«

G: »Gut, Italien hat sich rechtzeitig vom Faschismus abgewandt. Unter dem Duce mag in den ersten Jahren vieles gut gelaufen sein, dann aber hat sich sein Weg als verbrecherischer Irrweg erwiesen, mit den Juden, mit Afrika. Da hat sich Italien also mit Recht abgewandt, dagegen sagt ja niemand etwas. Wie ist es überhaupt dazu gekommen, einundzwanzig Jahre Mussolini, siebzehn Jahre Berlusconi!«

R: »Ich zitiere aus dem Gedächtnis. Du weißt, wer Andrea Camilleri ist? Lies seine Romane, ›König Zosimo‹, ›Der vertauschte Sohn‹ und, erst vor kurzer Zeit erschienen, diese köstliche Geschichte mit dem Prinzen aus Abessinien. Aber das meine ich jetzt nicht. Er ist Sizilianer, ich lese seine Sachen so gern. Er macht sich Gedanken über die Menschen im Allgemeinen, über italienische Menschen vor allem, und hat auch darüber Bücher geschrieben. Und da meint er, zu Mussolinis Erfolg habe ganz wesentlich seine Art des Auftretens beigetragen, sein Kinn zu betonen, auf Kraft zu machen, und seine Volkstribunenreden – egal, was er gesagt hat! Das ist es. Wir lassen uns von der Form beeindrucken, wenn sie nur stimmt, und dann ist der Inhalt nicht mehr so wichtig. Und jetzt bleib da und geh am 4. November gerne auf die Piazza zum Aperitivo, du musst dich nicht mehr fürchten, dass immer noch Krieg gespielt wird.«

Dreher, Haas & Co.

Wer Triest auch nur von kurzem Besuch kennt, wird in einem der drei berühmten Kaffeehäuser gewesen sein – Caffè degli Specchi, Caffè San Marco oder im Caffè Tommaseo. Das Specchi – Wallfahrtsort österreichischer Literaturfreunde, Stammkaffeehaus von Rilke und Kafka – wurde 2011 geschlossen.

Andere Begriffe überlebten nicht nur in der Erinnerung. Die Huterzeugung der Familie Habig gibt es schon lange nicht mehr – in Venedig hat sie aber immerhin noch ihr Firmenschild.

Die Birra Dreher gibt es in Triest seit 1870 – und auch noch heute. Sie hat allerdings mit der Wiener Familie des Gründers Anton Dreher seit dem Ersten Weltkrieg nichts mehr zu tun.

Vielen Menschen sind die Geschäfte von Julius Meinl in Bozen oder Giulio Meinl in Triest noch in Erinnerung. Auch sie sind Geschichte. Nicht Erinnerung, sondern lebendige Gegenwart ist der Meinl-Kaffee – er wird nicht nur in Wien geröstet, sondern auch in Vicenza. Und manchem traditionsreichen Begriff geht es südlich des Brenner weit besser als im Norden, ein Beispiel:

Das Haas-Haus in Wien am Stephansplatz – wieso heißt das so? Der Architekt jedenfalls heißt Hans Hollein, seine Vorgänger an diesem Bauplatz waren Carl Appel und Max Fellerer und noch davor waren August Sicardsburg und Eduard Van der Nüll. Aber Haas? Wer ist Haas?

Philipp Haas und Söhne – das war ein fester Begriff in Wien. An prominentester Stelle, mit erster Qualität – Teppiche erwarb man hier.

Das war das Stammhaus, zerstört wurde es in den letzten Tagen des Zweiten Weltkriegs. Ihm folgte ein einfacher Zweckbau, der den Namen behielt. Der wieder wurde nach zwölf Jahren abgetragen, der Stararchitekt Hans Hollein plante nun an diesem so besonders prominenten Platz.

Als das Haus im April 1945 in Brand geschossen wurde von der SS, die vom Kahlenberg aus auf die sich ins Stadtzentrum vorkämpfenden sowjetischen Soldaten ihre Kanonen abfeuerte, da brannten natürlich die Teppiche und die Vorhangstoffe und die prachtvollen Samte und Chintzstoffe besonders gut, und sie verbrannten, wenn sie nicht von den zahlreich erschienenen Plünderern sozusagen gerettet wurden. Was immer da geplündert oder gerettet wurde, es gehörte längst keinem Träger des Namens Haas mehr. Diese Plünderer verursachten auch – wenn schon, denn schon – dass der Stephansdom noch besser brannte, als das ohnehin schon dank der Truppe des SS-Kommandeurs Sepp Dietrich der Fall war.

Was hat all das mit Italien zu tun?

1811 wurde die Firma Haas gegründet, von Philipp Haas, sehr jung, ein Bayer. Der Erfolg kam rasch und deutlich. Um 1850 gab es schon drei Haas-Fabriken.

1853 wurde die Fabrik in Bradford, England, eröffnet. Das Land hatte ja seit langer Zeit den ersten Ruf in der Stofferzeugung – und nun kam Haas und schuf seiner englischen Fabrik Weltruf auf neuem Gebiet – der Herstellung von Teppichen.

Um 1900 verfügt Philipp Haas & Söhne über 32 Handelszentren in Europa, Amerika und Asien. Zu ihren Kunden gehörten die Herrscherhäuser Europas, die Hocharistokratie, der wachsende Industrieadel.

Aber Italien? 1856 hat Haas eine Seidenherstellung in Lissone, Brianza, eingerichtet.

1859 – kein Glücksjahr für Österreichs Politik, soeben hatte Kaiser Franz Joseph die Lombardei verloren – eröffnet Haas sein Geschäft in Mailand und diesem ersten folgen weitere in den

wichtigsten Städten Italiens, und stets in den mondänsten Stadt-
teilen, den elegantesten Straßen.

1918 bringt das Ende für Österreich-Ungarn und ebenso für
Haas in Italien. Die Firma aber gibt nicht auf – selbst in der krisengebeutelten Zwischenkriegszeit gelingt ihr die Rückkehr in die
wichtigste Handelsposition. Auch Italien, wo Haas als Kriegsfolge
enteignet worden war, gibt es neue Erfolge, auch nach dem Zweiten Weltkrieg – die wichtigsten Regierungssitze werden von Haas
ausgestattet, wie in Rom die Palazzi Madama und Montecitorio,
der Quirinal, der Palazzo Chigi.

In den Sechzigerjahren wird ein neues Kapitel in den Beziehungen zwischen Philipp Haas & Söhne aufgeschlagen – der welterfolgreiche italienische Film entdeckt die Qualität der traditionsreichen österreichisch-italienischen Textilfirma. Fellini, Zeffirelli, Bolognini lassen ihre Filme mit Haas-Werken ausstatten, auch Hollywood entdeckt Haas – für »Ben Hur« und »Cleopatra«.

Der Regiefürst Italiens, Luchino Visconti, entscheidet sich für Vorhangstoffe, Möbelbezüge, Teppiche von Haas für die Filme »Gruppo di famiglia in un interno«, »L'innocente«, »Il Gattopardo«. Für seinen »Ludwig II.« wird in der Kaiservilla in Bad Ischl gedreht – und weil dem Meister die alten Vorhänge und Bordüren abgewohnt wirken, was sie ja wohl auch waren, wurde bei Haas-Milano groß eingekauft.

Zweihundert Jahre, von 1811 bis 2011, hat es die Firma, wenngleich mit einigen Schlägen, geschafft. Italien feiert Haas, Mailand feiert 200 Jahre Bestand einer österreichischen Firma. Und auch dafür – Viva l'Italia!

Viva l'Italia …?

Die österreichischen Ressentiments von 1915 bis 1918, den Jahren des Kriegs mit Italien, waren lange wach. Nach dem Zweiten Weltkrieg kamen sie wieder hoch, sehr stark. Das Thema Südtirol war eines in ganz Österreich, nicht nur in Teilen Nordtirols.

All das hat sich gelegt. Seit Italien und Österreich miteinander in der EU leben, ist die Grenze frei, und für junge Menschen zu beiden Seiten des Brenners gehören diese Ressentiments zu den Erinnerungen der Großeltern.

Selbst in den Zeiten des Kampfes der Italiener um einen eigenen Staat, mitten im Risorgimento, ließen sich nicht alle Intellektuellen vor den Karren der Revolution spannen. So weiß man heute, dass die angeblich von Giuseppe Verdi vorgesehene symbolische Wirkung des Gefangenenchors in Nabucco sich zwar ergeben hat, aber nicht vom Komponisten beabsichtigt war. Es gab, wie immer, die Falken und die Tauben, die Scharfmacher und die Gemäßigten.

1847 schrieb der zwanzigjährige Student Goffredo Mameli ein begeistertes Gedicht zur Verherrlichung seines Vaterlands, ein anderer begeisterter Patriot, sein Freund Michele Novaro, setzte es in Noten.

Giuseppe Verdi schätzte das Lied hoch, er erklärte, als die allgemein anerkannte oberste Fachinstanz dieser Jahre, es stehe weder der Marseillaise noch der englischen Hymne »God save the Queen« nach. Dennoch wurde das Lied erst hundert Jahre nach seiner Entstehung zur Hymne Italiens, dem »Inno di Mameli«, mit der Ausrufung der Republik im Jahre 1946. Selbst dieser, nur vor dem romantisch-theatralischen Hintergrund der Jahre um 1848 zu begreifende Text, wird heute wohl kein Ressentiment mehr auslösen können. Wenige Italiener und gewiss keine Österreicher kennen, noch weniger können alle diese Strophen und ihre Refrains. Sonst würden sie wohl lächelnd zur Kenntnis nehmen, dass in der letzten Strophe auch heute noch Österreich erscheint:

»Già l'Aquila d'Austria le penne ha perduto …« – »Schon hat der Adler Österreichs die Federn verloren …«

Zwei Jahre nachdem Mameli sein Gedicht verfasst hat, besiegte der federnlose Adler die Revolutionen im Veneto und in der Lombardei. Und zur selben Zeit, da die patriotische spätere Hymne entstand, verfasste Giuseppe Giusti das Gedicht »Sant'Ambrogio«, das, zwar nicht minder vom patriotischen Geist beseelt, so doch eine ganz andere Aussage hat. Giustis Großvater war ein Minister und Freund von Großherzog Pietro Leopoldo I. von Toscana, dem späteren Kaiser Leopold II.

Das Gedicht hat seinen Namen vom Mailänder Dom, dem Ort des Geschehens. Dort hat der Sprecher, das Gedicht richtet sich in der Form eines Monologs an den Gouverneur von Mailand, ein Erlebnis gehabt, das ihn nachdenklich macht. Er war mit seinem kleinen Sohn im Dom und hat dort eine Gruppe von Soldaten gesehen – »Boemi e Croati«. Die Musik, die er nun in der Kirche hört, gespielt von einer Blaskapelle, erkennt er als einen Chor aus der Oper »I Lombardi« von Verdi. Er hört die Soldaten singen – und das beginnt ihn zu rühren: »Ich hörte die süße Bitterkeit der Gesänge meiner Kindheit …«, und er denkt an seine Mutter. Und als es nun wieder still wird, erfüllen ihn starke und zärtliche Gedanken, diese Soldaten mit ihrem harten Leben fern der Heimat tun ihm leid: »Arme Menschen, weit entfernt von den Ihren,

im.^{re} Martinet, 172 p. Rivoli et 41 p. Vivienne . Lith.Destouches,28 r. Paradis P^{sse}Paris.

_ Caporal Bittermann, vous allez me donner les noms des soldats de votre compagnie qui se sont le plus distingué sur le territoire ennemi .

_ Ya, major !....voici le croate Carotemann qui safre gouvert de gloire !....il affre bris à lui doute zeul, 25 montres et 50 foulards à l'ennemi ?........

So hat die Satire um 1860 die Österreicher gesehen:

– Caporal Bittermann, vous allez me donner les noms des soldats de votre
  compagnie qui se sont le plus distingue sur le territoire ennemi
– Ya, major ! … voici le croate Carotemann qui safre gouvert de gloire !
  … il affre bris a lui doute zeul, 25 montres et 50 foulards à l'ennemi ! …

in einem Land, das ihnen nicht gutgesinnt ist, ...« Und das
Gedicht endet – »Se non fuggo, abbraccio un Caporale ...«, also
etwa: »Wenn ich jetzt nicht abhaue, umarme ich einen Korporal.«
Es sind die Politiker und die Macht, die die Menschen trennen,
die Völker selbst sind frei vom Hass. Dieses Gedicht und seine
Aussage mussten alle Schüler in ganz Italien früher auswendig
können. Das sollte man eben wissen, auch das bedeutet Risorgimento.

TODI

1993 bekam ich die gute Nachricht, man habe mir für das kommende Jahr den Preis »Un libro per il Turismo« zuerkannt. Wie der Name sagt, eine Art Reisebuchpreis. Nun hatte ich zwar noch nie ein Reisebuch verfasst, aber meine kulturhistorischen Erzählungen und Sammlungen eignen sich auch als Reisebegleiter und so wurde dem Buch »Auf den Spuren der Habsburger« in seiner italienischen Fassung »Sulle tracce degli Asburgo« dieser Preis zuerkannt. Er wurde und wird in immer anderen Regionen und Orten verliehen, 1994 war Todi in Umbrien an der Reihe.

Damit begann eine Liebesgeschichte mit einer kleinen italienischen Stadt, die viele Folgen hatte. Im Juni fand die festliche Prämierung statt, ich bin mit Christiane Hörbiger zuerst nach Rom und dann, nach einigen Tagen, weiter nach Todi gefahren. Man liest im Reiseführer, bevor man so eine Fahrt antritt, und so wusste ich – Umbrien hat zwölf Städte, Hauptstadt Perugia, Assisi und Gubbio kannte ich – und nun also Todi im Tibertal.

Meine Freude an dieser Begegnung mit einer neuen Stadt und ihren Menschen war insofern besonders intensiv, als meine Liebe auf Gegenliebe traf. Innerhalb zweier Tage hatte ich gleich mehrere Menschen kennengelernt, mit denen ich auch heute, fast zwanzig Jahre nach der ersten Begegnung, noch befreundet bin.

Der kleine Festakt fand im Rathaus statt, aus Rom waren der österreichische Botschafter und der Vertreter Österreichs für den Tourismus, Radbot Habsburg-Lothringen, angereist. Politiker der

Todi, Teatro Comunale

Region Umbrien waren da, natürlich der Bürgermeister und andere kommunale Honoratioren.

In der Illustrierten »Epoca« hatte ich ein Interview zu geben und da erzählte ich, dass ich in diesem Jahr, 1994, meine Arbeit als Intendant beim Fest in Hellbrunn beenden würde. Das hatte Folgen: Es wurde also ausgiebig gefeiert, einmal übernachtet, in einem herrlichen Hotel in einem Palazzo und dann fuhren wir ab nach Salzburg, der Probenbeginn stand vor der Türe. Am Tag der Premiere hatte ich wie immer genug zu tun, aber als man mir sagte, drei Italiener seien im Restaurant und bäten um ein Gespräch, war ich neugierig. Da saßen nun drei Herren, die ich

Eröffnung der Ausstellung »75 Jahre Salzburger Festspiele«, links der heutige Bürgermeister Dr. Heinz Schaden

schon kennengelernt hatte – der Bürgermeister von Todi, der Landtagsabgeordnete dieses Wahlkreises und ein prominenter Journalist. Ob ich nicht im nächsten Jahr das Festival in Todi übernehmen wollte – ich wollte und das auch noch sehr und so war ich dann bis 1999 ein bisschen auch ein Umbrer.

In diesen Jahren habe ich zwar kein Protokoll geführt, aber sehr viele ausführliche Notizen gemacht. Das sollte einmal ein »Umbrisches Tagebuch« werden. Dazu ist es nicht gekommen, und jetzt, da ich dafür Zeit hätte, sind meine Erinnerungen nicht mehr so bunt wie damals. Und doch, was ist da alles geblieben! Die Künstler aus Österreich, Deutschland, Spanien, die da kamen, die Bella Figura gemacht haben, die Besucher aus vielen Ländern, die guten Gespräche nach den Vorstellungen und während der Probenzeiten, all das war eine große Freude, für mich und für viele andere. Senta Berger, die perfekt in Deutsch und in Italienisch eine Novelle von Arthur Schnitzler vorgetragen hat, der Klavierabend mit Paul Gulda, die weltberühmte spanische Kastagnettenvirtuosin Lucero Tena, der Enkel von Richard Strauss – er heißt ebenfalls Richard Strauss und sieht seinem Großvater erstaunlich ähnlich –, der mit Daphne Wagner – Urenkelin des Richard Wagner, dem sie gar nicht ähnlich sieht – aus dem Briefwechsel Richard–Cosima Wagner gelesen hat …

Und das Kammerensemble aus Wien, lauter Philharmoniker, unter Führung des Klarinettisten Ernst Ottensamer. Sie hatten Probe, ein nicht einfaches Programm, das sie nur Wochen später bei den Salzburger Festspielen gegeben haben. Mir ist es in dieser Cheffunktion immer sehr wichtig, für die Künstler Atmosphären zu schaffen, ihnen zu zeigen, wie sehr man sie ernst nimmt. Ich hatte vor, die kleine Gruppe aus Wien, sieben Holzbläser, nach der Probe zum Mittagessen in das Ristorante Umbria zu bitten – eine Loggia mit Blick ins Tibertal, eine ausgezeichnete Küche (hier kocht der Chef, er heißt Maurizio), kurz, ein ideales Ziel für Hedonisten. Ich war dort Stammgast, während der Woche würde es wohl kein Problem sein, acht bis zehn Menschen unterzubringen.

Es war ein Problem. Ich kam um elf, wollte einen großen Tisch für zwei Uhr, alles reserviert.

Ja, vielleicht, wenn jemand absagt – ich habe es darauf ankommen lassen. Hoffen, warten, aber um zwei gab es keineswegs Platz für uns.

Maurizio ist ein großartiger Hausherr. Eine kurze Rede an die

Daphne Wagner, Richard Strauss

Gäste genügte und schon standen da zwei Besucher aus Rom auf und übersiedelten zu zwei Schweizern an deren Tisch, und dort vereinten sich mehrere einzelne Trinker zu einer Gruppe – und wir hatten unsere zehn Plätze.

Mit einem freundlichen Lächeln in alle Richtungen war es wohl nicht getan. »Ernst, habt ihr eventuell irgendwas sehr Wienerisches drauf, auch ohne Noten?«

Kein Problem. Wenige Minuten später spielten sieben Wiener Philharmoniker Lanner, den Essern blieb der Mund offen und die Stimmung ist mir noch heute, inklusive Gänsehaut, in wacher Erinnerung.

Manchmal muss ich inmitten dieser Erzählungen ein Lächeln, vielleicht gar ein leises Lachen auslösen dürfen. Todi teilt sich einen Bischof mit Orvieto, er ist Herr über beide benachbarte Diözesen. Der Bischofspalast liegt auf einem Hügel über der

Stadt, auf einem zweiten Hügel hatte ich meine Wohnung in diesen Jahren. Diese Hügellage mag ja für Seine Exzellenz den
Bischof ebenso schön gewesen sein wie für mich, aber sie hatte
einen großen Nachteil: Wenn der Wasserdruck da oben zu
schwach war, gab es keine Dusche. An solchen Tagen sah ich dann
mitleidig in Richtung Bischofspalazzo und manches Mal haben
wir einander getroffen und gefragt – »Sie auch?«, »Ja, ich auch.«
Heute ungewaschen.

Eines Tages kam der Heilige Vater nach Todi, Johannes Paul II.
Die Aufregung war groß, die Vorbereitungen hielten alle kommu-
nalen Mitarbeiter für Tage auf Trab. Meinem Verwaltungsdirektor
Emanuele Storti wurde die Ehre zuteil, die Lesung des Evangeli-

Blick zum Bischofspalazzo am frühen Morgen

ums vornehmen zu dürfen. Es war Karsamstag und so erschien der einstige römische Präfekt im österlichen Text. Mein Freund Emanuele war sehr aufgeregt, bei den Vorbereitungen, im Textstudium, und erst recht im Ernstfall. Der Dom war so zum Bersten voll wie nie, nicht nur tout Todi war da, sondern auch halb Rom. Pontius Pilatus heißt im Italienischen Ponzio Pilato. Herr Storti trug an diesem feierlichen Anlass vor: »Ich wasche meine Hände in Unschuld«, sagte Pontius Pilatus. An diesem Tag wusch aber nicht Ponzio Pilato seine Hände, sondern Ponzio Pilota, der Pilot Pontius. Solch einen, wenngleich etwas unterdrückten Lacherfolg mag man sich nur wünschen.

Zu den bevorzugten Gesprächspartnern dieser Jahre zählten naturgemäß neben meinen Mitarbeitern jene Stadtbürger, die verwandte Berufe hatten, es gab mehrere. Manchmal wurde ich zu einem Ausflug aufs Land eingeladen und da hatte man Erlebnisse, wie man sie nur aus Filmen kennt. Der Gastgeber erhob sich, man erwartete eine Rede, einen Trinkspruch, aber stattdessen rezitierte er Stellen aus Dantes »Comedia«, Gedichte des römischen Satirikers Trilussa oder eigene Schöpfungen. Mittelpunkt solcher Runden war ein Verleger, Carlo Grassetti, dem ich unvergessliche Stunden verdanke. Jedes Mal beschlossen wir ein neues Projekt, eines über Pilgerreisen vom Norden in den Süden, eines über die etruskische Vergangenheit, und auch wenn nichts aus diesen Ideen geworden ist, sie gaben doch immer Anlass für weitere gute Gespräche.

Dabei kam auch manchmal die Rede auf Peter Ustinov, er hat 1961 in Todi »Romanoff und Julia« gedreht, auf Rex Harrison und Charlton Heston, die 1965 wochenlang in Todi gefilmt haben, denn der Film über Michelangelo und Papst Julius II. »Inferno und Ekstase« (Regie Carol Reed) ist zum Großteil hier entstanden.

Marcel Prawy, Ehrenpräsident des Festivals ARTEUROPA, war nahe an der Ehrenbürgerehre. Sein perfektes Italienisch, seine umfassenden Kenntnisse auf kulturellem Gebiet, sein Humor machten ihn immer wieder zum Mittelpunkt der Tischgesellschaft. Er war schon nach dem ersten Festivalsommer derartig beliebt, dass ihn und mich bei seiner Ankunft im Jahr darauf eine geheim gehaltene Überraschung verblüffte, denn sie war mit nicht wenig Aufwand zuwege gebracht worden.

Ich hatte die Stadt am frühen Morgen verlassen, um in Rom Wege in Ministerien zu erledigen und am Nachmittag Prawy in

Fiumicino vom Flug aus Wien abzuholen. Wir kamen gegen sieben Uhr abends in Todi an, ich brachte den Freund in sein Hotel und wartete, um mit ihm das Begrüßungsglas einzunehmen. Das bedeutete in seinem Fall Mineralwasser, in meinem nicht. Also spazierten wir dann auf die Piazza – und sahen quer über den ganzen großen Platz gespannt ein buntes Transparent, auf dem zu lesen stand:

»BENVENUTO PROFESSOR PRAVY«

Der Rechtschreibfehler im Namen hat niemanden gestört, die Freude über diese liebenswürdige Geste hat überwogen. Prawy hatte an den vielen Künstlern und den Besuchern von fern und nah, darunter viele Bekannte, so viel Freude, dass er ungewöhnlich oft auf die Piazza kam, in eines der Lokale. Und als ihm einmal einfiel, dass er ja in wenigen Minuten einen Termin beim Friseur hatte, und er wollte die fröhliche Zusammenkunft nicht unterbrechen, da gelang es meinen Mitarbeitern, den Barbier, sein Werkzeug und alles Notwendige auf die Piazza zu transportieren und Prawy konnte munter weiter zuhören und weiter erzählen, während ihm in der Öffentlichkeit das Haar geschnitten wurde.

In den Neunzigerjahren wurde Todi eine Ehre zuteil, die für ganz große Aufregung, nicht nur der Einwohner, sondern in ganz Italien sorgte. Ein Dozent der Universität Kentucky, USA, hatte mit seinen Studenten eine weltweite Studie erarbeitet und nun veröffentlicht.

Man war auf die Suche nach der »città ideale« gegangen und hatte sich, alles zusammen gesehen vom Klima bis zum Verkehr, für Todi entschieden.

Das hat natürlich den Tourismus gefördert, hat aber auch zu neuen prominenten Mitbürgern verholfen. Sie haben sich hier niedergelassen, zumindest für einen Teil des Jahres.

Als den ersten aus dieser Schar lernte ich den Drehbuchautor und Regisseur Pupi Avati kennen. Er hat mit vielen im Ausland bekannteren Kollegen gearbeitet, Pier Paolo Pasolini, Lucio Dalla, und kann ein eindrucksvolles Lebenswerk vorweisen. Seine Filme und TV-Serien wurden in Italien absolute Erfolge, leider kennt man sie im deutschen Sprachraum weniger. Er erzählte mir, der Anfang sei sehr schwer gewesen. Er habe sich damals an alle möglichen Größen der Filmbranche gewandt, habe sich immer wieder beworben und niemand habe ihm geantwortet – mit einer Aus-

Mit Marcel Prawy auf der Fahrt von Rom nach Todi

nahme. Das war der sehr prominente Schriftsteller und Drehbuchautor Ennio Flaiano. Ihm habe er nach Pescara einen Brief geschrieben mit der Bitte, bei einem seiner Projekte mitarbeiten zu dürfen. Da kam nun ausnahmsweise eine Antwort. Flaiano antwortete seinerseits mit einer Bitte – er möge ihm nicht mehr schreiben.

Auch viele andere Künstler und Intellektuelle haben sich für Todi entschieden – der Maler Piero Dorazio, die Schauspielerin Ornella Muti, der Politiker Carlo Ripa di Meana – Präsident der Biennale von Venedig, Präsident von Italia Nostra – oder der Humorist und Drehbuchautor Mario Castellacci. Und Pupella Maggio.

LA MAMMA

Ein Begriff, dem Land so innig verbunden wie kaum ein zweiter –
La Mamma. Und doch gibt es seit etlichen Jahren einen alarmie-
renden Geburtenrückgang.

Dennoch – sie ist eine Symbolfigur für dieses Land, sie ist viel
stärker und wird viel eher als typisch für Italien angesehen als für
jede andere Region, sei es am Mittelmeer oder wo auch immer.
Niemand kann behaupten, italienische Mütter seien eben besser
als skandinavische oder persische oder österreichische, dennoch
ist La Mamma ein Mythos und das wiederum vor allem im Süden.

»Amarcord« hat Fellini einen weiteren Oscar eingebracht, den
fünften. Da ist, inmitten einer großen Schar von sensibel charak-
terisierten Typen, die Rolle der Mamma die zentrale. Sie führt den
Haushalt, lenkt unaufdringlich ihre beiden Söhne, ist eine vor-
bildliche Ehefrau und sorgt daneben für ihren Bruder, seines
Zeichens Inbegriff eines wehleidigen Nichtstuers. Ich habe den
Film immer wieder gesehen, wie oft, weiß ich nicht. Alle diese
großen und kleinen Rollen, diese unzähligen Typen wurden mir
vertraut. Ich bin in Rom, in Cinecittà, in den Kulissen gestanden,
aber das ist eine andere Geschichte. Die Schauspielerin, die Tittas
Mutter spielte, er ist die Hauptfigur, war mir aus einem großen
alten Hollywoodfilm vertraut gewesen – »Die Bibel«. John
Huston hat Regie geführt, und er hat auch mitgespielt, den Noah
von der Arche, und die Darstellerin seiner Frau war – Pupella
Maggio.

Sie war mir also viele Jahre lang ein Begriff, ihr Gesicht war mir vertraut wie das von nur irgendeinem der verehrten Filmstars, von Marcello Mastroianni bis Gary Cooper. Ich wusste vieles über ihr Leben, ihren Berufsweg, ich hätte über sie einen kleinen Vortrag halten können.

Und nun saß Pupella Maggio auf der Piazza del Popolo, an einem Tisch des Café Comunale, in Todi, Umbrien, neunzig Kilometer nördlich von Rom. Und ich saß am Nebentisch und war aufgeregt. Ich hatte schon gehört, dass sie immer wieder herkam, aber nun hatte sie sich gänzlich niedergelassen. Als ich sie kennen lernte, als ich ihr vorgestellt wurde, war sie fünfundachtzig Jahre alt. Sie saß wieder in demselben Café, nahm einen Espresso und dann ein Glas Wein und wir begannen einen Dialog, der alles in allem zwei Jahre dauerte. Pupella war, ich weiß es genau, bei ihrem zweiten Glas Wein und bei ihrer achten, neunten Zigarette. Ich bestellte mir mein drittes Glas Wein. Da sagte sie zum ersten Mal »du« zu mir und dabei ist es dann geblieben:

»Tu bevi un po'?« – Du trinkst ein wenig?

Mehr eine Feststellung als eine Frage und der Anfang eines langen Dialoges.

»Du weißt, Pupella, dass Todi von dieser amerikanischen Universität so sehr gelobt worden ist, bist du deswegen hier?«

Nein, das ist es nicht. In ihrem Haus wohnt sie schon länger, in den Sommermonaten, auf der Flucht vor der Hitze und dem Tourismuschaos in der Hauptstadt. Aber hier, nicht weit von Rom, fühlt sie sich inmitten von Menschen, die sie schätzen, ungemein wohl:

»Todi ist eine kleine Stadt, die ich liebe und die mich liebt. In meinem Alter sucht man den Frieden. Und den habe ich hier in solcher Fülle gefunden.«

Pupella Maggio in »Amarcord«

Sie ist seinerzeit wegen des Festivals hergekommen und dann eben geblieben. Pupella Maggio liebt junge Menschen:

Ich denke oft und intensiv an die Jugend, nicht an meine eigene, vergangene, an die von jetzt. Ich möchte gerne mehr für sie tun können. Das kann ich in meinem Beruf. Ich stehe ihr zur Verfügung, in den Grenzen meiner Möglichkeiten. Ich möchte sie kennen lernen, mehr von ihr wissen. Mir ist es gleichgültig, ob das ein Bursche ist oder ein Mädchen, mir genügt es zu sehen, wie bewegen sie sich, was machen sie mit den Händen, den Beinen, den Schultern. Die Stimme ist mir dabei nicht so wichtig, was sprechen soll, ist der Körper. Sie tun mir leid, wenn ich an ihre Probleme denke, wenn sie dummes Zeug reden, von Drogen schwärmen, es tut mir weh. Das ist nicht alles ihre Schuld! Wenn ich die Mütter sehe, die ihre Zeit mit Kartenspiel vertun, mit Whisky saufen, Stunden im Schönheitssalon, und nur wenig Zeit erübrigen für ihre Kinder! Es ist schön, mit den Kindern zu sprechen, meine Tochter Maria, sie ist Witwe, hat zwei große Söhne. Ich war immer, immer ihre Freundin. Alles hängt davon ab, wie die Kinder aufwachsen, von der Atmosphäre in der Familie. Man hat sauber zu leben – und einander zu lieben! Anständigkeit und Liebe, das braucht die Welt.

Pupella Maggio ist konsequent. Sie ist eines Theaterprojekts wegen hergekommen, hat mit jungen Leuten ein Projekt erarbeitet, von dem sie lange geträumt hat – eine Collage über das Leben der Sophia Loren, von den ersten Schritten über die ersten Erfolge bei Schönheitswettbewerben bis zum Weltruhm. Von dieser Kollegin hat sie ihre feste Meinung, wie von vielen anderen Großen, mit denen sie gearbeitet hat.

Eine wundervolle Frau! Sie ist auf dem Boden geblieben, trotz des großen Erfolgs, und auch obwohl sie gewusst hat, wie außerordentlich sie ist, hat ihre Wurzeln, ihre Bindung an die Mutter nie verloren. Und das, ob sie nun früher im einfachen Elternhaus in Pozzuoli gelebt hat oder dann in der Villa in Rom. Ich finde keinen Ausdruck, keinen Satz, der meine Bewunderung für dieses Leben voll Menschlichkeit, voll Bescheidenheit auszudrücken vermag.

Und John Huston?
»Ein gewaltiger Biertrinker und ein großer Frauenverehrer. Selbst als er alt war und verblüht, als ich ihn kennen lernte, immer waren Frauen um ihn. Zum närrisch werden!«
Und natürlich gilt eine Frage auch dem großen Federico:
»Fellini? Eine Wonne! Er hat mich sehr gemocht. Ich habe mehrere Briefe von ihm. Wenn ich bei ›Amarcord‹ zum Drehen gegangen bin, immer habe ich Blumen von ihm gefunden, wenn ich zurückgekommen bin.«

PUPELLA MAGGIO

[handwritten dedication:] A Te Gerard con il cuore e amore ..... NAPOLETANO (in Todi 3/7/95)

POCA LUCE IN TANTO SPAZIO

Und ihr großer Mentor, der König des neapolitanischen Theaters, mit dem sie beruflich aufs Engste verbunden war, Eduardo de Filippo?

»Ich trage ihn in meiner Seele. Über ihn sollen andere sprechen. Er war mein Meister im Theater und im Leben. Basta.«

Im Dezember 1999 ist sie in Rom gestorben.

Der italienische Staatspräsident Carlo Azeglio Ciampi gab aus Anlass des Abschieds von Pupella Maggio folgende offizielle Stellungnahme heraus:

Der Präsident der Republik Carlo Azeglio Ciampi hat der Familie Maggio eine Nachricht des tiefen Mitgefühls aus Anlass des Abschieds von Pupella Maggio übermittelt:

Die Tochter der bedeutenden Künstlerfamilie Maggio, mit so gro-

ßem Anteil am Ruf der Tradition der Neapolitanischen Komödie, hat als herausragendes Mitglied der Compagnia scarpetana gewirkt. Ihre künstlerische Begegnung mit Eduardo de Filippo bedeutete aufsehenerregende, neue Aufmerksamkeit durch ihre so sensiblen Interpretationen für große Teile des Werks dieses Maestro. Sie war nicht nur die bedeutendste neapolitanische Schauspielerin des 20. Jahrhunderts, sie war eine Protagonistin des italienischen Theaters und seiner Geschichte, die mit ihrem Namen verbunden bleibt. Mit diesen Gefühlen drücke ich den Familienmitgliedern die bewegte Trauer aller Italiener aus, die sie bewundert haben und die ihr Andenken bewahren werden. 9. Dezember 1999.

DER NEUE KAPITÄN

1973, im Juli, war ich auf dem Weg nach Neapel, an der Küste des Tyrrhenischen Meers, mit dem Auto. Je weiter man in den Süden der Halbinsel kommt, desto griechischer wird es – Neapolis, Neustadt, dann südlicher Sibari – das ist das antike Sybaris, von da kommen die Sybariten, die berühmten Feinschmecker. Daneben Crotone, in der Antike Kroton, reich und mächtig, im Golf von Tarent. Und Thurioi, heute Turii, dort war Herodot zuhause, der erste bekannte Historiker. Und so geht es noch lange weiter und auf Sizilien ist man ja vollends in Griechenland – Agrigent, Syracus, die ganze einstige Magna Grecia, Megale Hellas, Großgriechenland, eine riesige Kolonie, das Amerika der Hellenen.

Von Neapel ging es zu Schiff weiter. Das Auto in den Schiffsbauch, dort wird es die Nacht verbringen, am Morgen – Palermo.

Ich freue mich auf die Nacht. Denn ich habe mir ausgerechnet, um welche Zeit ungefähr wir an der Insel Ustica vorbeikommen, gerade zwischen dem Ende der Nacht und dem beginnenden Morgen. Ustica – die Heimat des Aiolos, des Gottes der Winde. Das verspricht ein Schauspiel, ich werde wohl nicht viel schlafen. Das ist schon deshalb nicht schlimm, weil der Speisesaal des eleganten Dampfers, eigentlich einer luxuriösen Fähre, Vorfreude bereitet.

Um wie viel Uhr werden wir an Ustica vorbei kommen? Odysseus wüsste es, er war ja hier. Zwar hatte er nicht die nautischen Geräte von heute, aber dafür standen ihm andere Hilfsmittel zur Verfügung. Und er hatte im Herrn der Winde höchstpersönlich

einen Ratgeber. Aiolos hatte ihm ja einen Sack geschenkt, in dem
die Gegenwinde eingenäht waren und er hatte den günstigen
Winden seine freundschaftlichen Befehle gegeben:

Vor mir ließ er den Wind des freundlichen Westens einherwehen,
dass er das Schiff und uns selbst nach Hause führen möge. Doch
dies sollte nicht geschehen, denn wir sanken durch eigene Dumm-
heit ins Unglück.
HOMER, ODYSSEE 11. GESANG, 25–27

Das ist also damals leider danebengegangen. Die Mitreisenden
haben sich so benommen, wie man es auch heute eventuell bei
größeren Gruppenreisen befürchten mag, und waren zu neugierig. Sie haben diesen Windsack geöffnet, Notos und Boreas oder
wer immer da noch drinnen war, konnten flüchten, der glänzend
erdachte Plan war dahin. Das Schiff wurde zurückgetrieben zur
Insel. Zwar konnte Odysseus sich eine neuerliche Audienz bei
Gott Aiolos verschaffen, aber der war nun über die Dummheit der
Mannschaft verärgert und nicht bereit, das Kunststück zu wiederholen.

Ich hingegen hatte keine Probleme mit Aiolos und das Schiff
wurde ja von einer Schraube und nicht von noch so freundlichen
Winden zu seiner Insel getrieben. Aber um wie viel Uhr?

Beim Spaziergang über die Decks traf ich eine Gruppe von vier
Herren in weißer Uniform, in einträchtigem Gespräch, offenbar
das Offizierscorps. Ich blieb stehen, wartete ab, bis mir ihre Aufmerksamkeit zuteilwurde:

»Meine Herren, sicher können Sie mir diese Frage beantwor-
ten – um wie viel Uhr passieren wir die Insel Ustica?«

In diesen Uniformen und je nach individuellem Styling sieht
jeder dieser Männer aus wie ein kleiner Filmstar. Einer, Typus Vit-

torio de Sica, eleganter grauer Schnurrbart, hatte eine Gegenfrage: »Wieso interessiert Sie das?«

Mein Italienisch war noch weit davon entfernt perfekt zu sein, aber ich konnte den Grund immerhin deutlich machen. Und weil mir in diesem Augenblick der Schalk in den Nacken sprang, sagte ich zum Abschluss meiner Erklärung: »E – io sono il nuovo capitano.«

Die vier Uniformierten waren nicht verwundert, sie lächelten, salutierten und versprachen, mir den Zeitpunkt exakt zu nennen, man werde nachsehen.

Auch ich salutierte, dankte und ging.

Am Abend kam ich, umgezogen, in den Speisesaal: Messing, Mahagoni überall. Ich sah mich nach einem Tisch um. Der Chefsteward ging mit flottem Schritt auf mich zu und geleitete mich zu einem schönen Tisch an der Stirnwand – »Si accomodi!«

Ich setzte mich also und wartete. Dann kam zuerst einer der Herren von heute Nachmittag mit der Information, die ich mir gewünscht hatte. Der Chefsteward kam wieder, nein, er trat wieder auf und brachte den ersten Gang des Menüs, Pasta. Waren es Ravioli oder Spaghetti oder Strozzapreti? Ich weiß es nicht mehr. Jedenfalls stand nun nicht ein Teller vor mir, sondern eine breite Vorlegeschüssel für zehn Personen. Der Steward rührte sich nicht vom Fleck. Und mein erstauntes Aufblicken beantwortete er mit einer leichten Verbeugung, einer einladenden Handbewegung und den Worten: »Porzione del capitano.«

Diesen ersten Gang habe ich nicht zur Gänze bewältigt. Das Menü habe ich in großartiger Erinnerung. Und weil ich die Insel Ustica nur ja nicht versäumen wollte, bezog ich nicht meine Kabine, sondern einen Liegestuhl an Deck.

Immer wieder wachte ich auf, sah um mich, und endlich war es soweit. Meine Idee hat sich als ausgezeichnet erwiesen. Außer mir war keiner der Passagiere an Deck »… als die dämmernde Frühe mit Rosenfingern erwachte«, die Eos, die Göttin der Morgenröte, Gemahlin des Gottes Aiolos. Der Berg, der das kleine Eiland überragt, erlebte soeben ein nächtliches Gewitter und ich mit ihm. Die Blitze über Ustica fielen zuerst noch in totaler Dunkelheit und dann in das beginnende Morgenlicht, zuletzt war der rechte Teil der Insel noch in der Finsternis, der linke schon vom Morgengrauen erleuchtet. Endlich bin ich in einen kurzen Schlaf gefallen und dann fuhren wir schon in den Hafen von Palermo ein.

Diesen Eindruck habe ich niemals vergessen. Nach vielen Jahren war er mir noch so gegenwärtig, dass ich ihn wiederholen wollte. Diesmal aber bin ich nicht vorbeigefahren, sondern dort geblieben.

Von der Terrasse des kleinen Hotels aus konnte man den ein- und ausfahrenden Schiffen zusehen. Am frühen Morgen kamen die Fischerboote von ihren Fahrten zurück, von der mir nun schon vertrauten Eos begleitet. Wer nicht Fischer und nicht im Tourismus tätig ist, lebt vom Weinbau, von Zitronen, Getreide, Oliven.

Beim Spaziergang auf den Monte Guardia dei Turchi, der höchsten Erhebung, 240 Meter, die ich einst vom Schiff aus gesehen hatte, kommt man an vielen bunten Hausfassaden vorbei, die sich zum Teil Jahr für Jahr verändern. Hier gibt es einen Sommer für Sommer veranstalteten Wandmalereiwettbewerb.

Der Berg war vor langer Zeit ein Vulkan, ihm verdankt die Insel den Namen »die Verbrannte«, des schwarzen Lavagesteins wegen. Man muss kein Bergfex sein, um da hinaufzukommen, und wenn es dennoch jemandem zu viel ist, so besucht man zu Schiff die Grotta Azzurra.

Die Bar im Hafen hat mir neue Freunde gebracht. Am dritten, vierten Tag war ich schon ein Stammgast. Was ich denn hier treibe? Meine Antwort – »Nichts« – versteht man in Ustica, das Städtchen trägt den Namen der Insel, gut, keine verwunderten Gegenfragen.

Der Wirt, mit Caesarenprofil und kahlköpfig, wurde mein bevorzugter Gesprächspartner. Einmal habe ich ihm natürlich erzählt, auf welche Weise ich seine Insel zum ersten Mal erblickte, habe von Odysseus gesprochen und von Aiolos und dessen Winden. Das kannte er selbstverständlich alles, er hieß übrigens Ferdinando, wie auch die imposante Pfarrkirche der kleinen Stadt.

Und als ich endlich doch wieder das Fährschiff nach Palermo bestieg, sagte er mir zum Abschied, ich möge die Gelegenheit nutzen und die Insel Panarea besuchen, eine der Äolischen Inseln. Ich möge ihn hier nicht verraten, aber der Windgott sei eben dort zuhause und nicht hier, das sage ja schon der Name der Inselgruppe. Bei Homer haben sieben Städte um seine Herkunft gestritten. Der Windgott hingegen ist auf nur drei Inseln zuhause, auch Malta reklamiert ihn für sich. Erzherzog Ludwig Salvator hat die Wahrheit gekannt, er hat von seiner Insel Mallorca aus mit der eigenen Jacht das ganze Mittelmeer bereist, und er hat zum Thema Ustica einen Prachtband herausgebracht, in Prag 1898.

PASSEGGIATA VII

G: »Buon giorno, Spaghetti!«

R: »Ciao, Kartoffel! Basta mit den Späßen für den Augenblick. Ich habe den heutigen Morgen mit den Zeitungen verbracht. Es kann einem schon angst und bang werden. Aber mit nach vorne sehen und aktiv sein bekommen wir das hin.«

G: »Bravo, Ruggero, doppelt bravo für dich mit deinen einundneunzig Jahren.«

R: »Jaja, Berlusconi ist jetzt rund sechsundsiebzig und erklärt, er werde wiederkommen, also heißt es beten, was ich sonst weniger gerne tue. Es wäre eine Gelegenheit, wieder einmal San Sebastiano zu sehen, ich habe dir die Veronese-Kirche doch vor vielen Jahren schon gezeigt?«

G: »Ja, kenne ich, machen wir. Aber zuerst – was steht denn so Schlimmes in der Zeitung?«

R: »Alles. Aber es hat doch keinen Sinn, zu jammern. Man muss die Probleme anpacken, aber zuerst muss man sie sehen. Und zu sehen gibt es da leider genug.«

G: »Ich habe gestern in der Buchhandlung gegenüber ein Buch gesehen, ich werde es heute kaufen. Ich habe es mir notiert, warte – ja, Nichi Vendola heißt der Autor, und das Buch heißt ›C'è un'Italia migliore‹ – Es gibt ein besseres Italien. Manifest für eine neue Politik.«

R: »Kenne ich, habe ich, aber noch nicht gelesen. Dieser Vendola ist eine interessante Figur, seit Jahren Presidente della Giunta Regionale, der Chef von Apulien.«

G: »Also, was in Österreich Landeshauptmann heißt, in Deutschland Ministerpräsident. Welche Partei? Und was heißt Nichi? Das ist doch kein Vorname?«

R: »Es ist ein Vorname, die Eltern waren Verehrer von Nikita Chruschtschow. Das waren so diese späten Jahre des italienischen Kommunismus, da konnte man immer wieder auf solche Namen treffen. Das hat wieder aufgehört, alle diese Olgas, Katiuscias, Ludmillas.«

G: »Ja, und welche Partei hat dieser Nichi?«

R: »Eine Gruppe, ein Bündnis, Sinistra Ecologia Libertà. 2005 haben sie ihn gewählt, seither ist er im Amt. Und er hat vieles erreicht – gefällt mir nicht alles, klar, das ist eben fast immer so.«

G: »Was hat er denn erreicht?«

R: »Er hat, zum Beispiel, die ›Fabbriche di Nichi‹ gegründet, eine Art Bürgerinitiative, überparteilich. Da gibt es bis jetzt ungefähr zweihundert Gruppen, die sich für kluge, soziale, ja, lass es mich mit einem unmodernen Wort sagen, patriotische Ziele einsetzen. Sie kümmern sich um die Wiedereingliederung Arbeitsloser, um erneuerbare Energieformen, um vernünftigen Tourismus. Sie wollen mehr Demokratie, das hat dem Cavaliere wohl gar nicht gefallen, auch weil sie sich mit Medienpolitik befassen.«

G: »Gut, dem Cavaliere, und was sagen die anderen Politiker, wenn einer so gegen den Strom schwimmt?«

R: »Er schwimmt gar nicht gegen den Strom. Vernunft kehrt überall ein. Nimm die letzten Kommunalwahlen. In Mailand haben sie jetzt völlig unerwartet und gegen Berlusconi und seine Freunde den neuen Bürgermeister Pisapia. Er ist befreundet mit Nichi Vendola. Der hat ihm begeistert gratuliert, ich erinnere mich gut, es war im Fernsehen. Und da hat er etwas gesagt, das mir so ganz besonders wichtig ist. Weißt du, das Überhandnehmen der listigen Charakterzwerge, das liegt mir im Magen. Das spürt man an allen Ecken und Enden und auch in der Sprache. Da hat Vendola dem neuen Bürgermeister gedankt für den gemeinsamen Kampf, er habe mit ihm zusammen das Vokabular unserer Sprache befreit von den schlauen und schmutzigen Wörtern.«

G: »Und wie geht es jetzt Apulien?«

R: »Besser, vielleicht noch nicht blendend. Aber besser als früher und besser als vielen anderen Regionen, überhaupt im Süden. Nimm nur die Energieversorgung – da sind sie ganz vorne. Und, das liegt doch gerade dir so am Herzen – die Bildungspolitik. Sie steht an oberster Stelle. Mit Bildung hat jeder Mensch eine bessere Zukunft und das brauchen sie in Apulien. Dort hat die Armut Tradition.«

G: »Da habt ihr solche Leute und noch viele andere, die ihr Politikhandwerk weit besser verstehen und habt euch beinahe zwei Jahrzehnte lang so behandeln, so sehr verändern lassen?«

R: »Wo war die EU? Ihr habt in Straßburg alles lustig gefunden, was dieser Mensch gemacht hat, alle diese infantilen Bemerkungen, die Beleidigungen, das habt ihr euch alles gefallen lassen.«

G: »Moment, wieso ›ihr‹? Das wart ihr genauso! Da kam ja nicht ein Abgesandter vom Mars, kam nicht irgendein Alien, da kam euer Ministerpräsident und er hat vor den Augen und Ohren eurer Abgeordneter im Europaparlament dieses Zeug von sich gegeben!«

R: »Und dann haben wir es ihm aber gegeben!«

G: »Ja, spät. Gehen wir nach San Sebastiano.«

Die letzten Tage
von Pompeji

Vier der Gebäude sind in den letzten Jahren zusammengebrochen – ohne Erdbeben, ohne Ascheregen. Das Amphitheater ist in derart unprofessioneller Weise restauriert worden, dass die neu angerichteten Schäden zu beheben teils unmöglich ist, teils sehr teuer werden wird. Die berühmte Gladiatorenschule ist Geschichte, ein Trümmerhaufen. Die noch erhaltenen Wanddekorationen – Stichwort Pompeji-Rot – sind in großer Gefahr.

Die mutwillig vor einigen Jahren umgestoßene Säule, zerbrochen in drei Teile, beweist eines der Probleme – es gibt zu wenig Personal und vor allem zu wenig Interesse vonseiten des Staates.

Ich habe Pompeji vor vierzig Jahren zum ersten Mal besucht. Der Reiseführer hat zum Thema Öffnungszeiten lapidar bemerkt, man schließe bei Sonnenuntergang. Das ist eine poetische Anweisung, einverstanden. Ich bin um Mitte Juli am Gittertor gestanden. Es war ziemlich genau 14.00. Das Tor war geschlossen. Dahinter saßen mehrere Männer in grauen Uniformen mit Schildkappen auf dem Kopf und Spielkarten in der Hand. Mein Italienisch war noch nicht ganz in der Nähe von Dante, es genügte aber zum Verständnis, auch in diesem Fall.

Ich habe also gefragt.

»Signori, per favore, si chiude – man schließt bei Sonnenuntergang?«

»Si«, die Kartenspieler spielen.

»Pero, le porte – aber die Tore sind geschlossen?«

»Si«, die Kartenspieler spielen.

»Wann öffnen Sie wieder?«

»Morgen«, die Kartenspieler spielen.

»Ja, aber …?«

»Heute war schon Sonnenuntergang.«

Es war 1972. Ich bin also 1982 wiedergekommen. Es gab einige Jahre lang Hoffnung. Rom richtete sein Regierungsinteresse in vermehrtem Maße auf sein antikes Erbe, einige Jahre lang. Dann war wieder Schluss. 2008 hat man einen Sonderkommissar eingesetzt – er hat nichts bewirkt. Im Herbst 2010 begehrte die Opposition auf – Pompeji war derart in Gefahr, dass man einen Misstrauensantrag gegen den Kultusminister richtete, Sandro Bondi. Er war und ist ein besonders getreuer Gefolgsmann Silvio Berlusconis. 2001 hat er einen reich ausgestatteten Bildband über dessen Leben und Wirken gestaltet – »Una storia italiana«. Das Buch wurde allen Haushalten Italiens geschenkt.

Der Misstrauensantrag hatte kaum Folgen, allerdings ist Bondi im März 2011 zurückgetreten. Inzwischen hat der Verfall der historischen Stätten, dabei geht es nicht nur um Pompeji, auch Rom erreicht, das Kolosseum. Es gibt nicht genug Personal, zu viele Andenkenjäger, zu wenige Toiletten zwischen den antiken Bauwerken, das Geld ist zu knapp, die Verwaltung ist unterbesetzt, zahllose herrenlose Hunde fristen in den Ruinen ihr armes Dasein.

Zwar bringt jeder investierte Euro nachgewiesen siebzehn Euro Gewinn – aber auch dieses sonst selbst an der Kultur desinteressierte Politiker überzeugende Argument führte nicht zum Umdenken. Italiens Kulturbudget wurde in den Regierungsjahren Berlusconis auf die Hälfte gekürzt.

Das zerfallende Pompeji wurde zum Symbol für das Italien Berlusconis. Das Land hat nicht nur in Pompeji zu bröckeln begonnen. An allen Ecken und Enden, im wörtlichen Sinne, in allen Landesteilen, hat man gespürt, dass die Stimmung schlecht ist, die Hoffnung auf Zukunft fehlt, von Selbstbewusstsein im nationalen und regionalen Sinne keine Rede mehr ist.

Zwar hat die EU die Summe von 105 Millionen € bereitgestellt. Zwar hat Unterstaatssekretär Villari erklärt, am Geld liege es nicht, das Problem sei eine Frage der ineffizienten Verwaltung. Aber zugleich hat er angedeutet, Pompeji sei mittlerweile auch ein kriminelles Problem. Die Camorra habe ihre Hand, ihre Hände, im Spiel.

Der zuständige Minister, Lorenzo Ornaghi, hat diese Gefahr erkannt. Auch das sei Teil der Aufgaben der neuen, der gegenwärtigen Regierung. Gerade der Umgang Italiens mit seinen Schätzen, aber überhaupt der neue politische Weg, werde die Welt überzeugen.

Die Lage in Pompeji ist hoffnungsüberschimmert. Doch niemand, der Italien wirklich liebt und zu kennen versucht, soll sich darauf verlassen und dann enttäuscht murren. Wer sich für das antike Italien ernsthaft interessiert, wird ohnehin auch andere Reiseziele im Auge haben, nicht nur Rom und Pompeji. Wie zum Beispiel Terracina, Piazza Armerina, Ercolano, Paestum oder Ostia.

OSTIA

Man denkt an den Flughafen, der heute den Namen Leonardo da Vinci trägt, er liegt in Ostia. Und man kennt wohl die Via Ostiense. Ostia war lange Jahre Roms Hafen. Der Name kommt von Ostium, also Mündung, Eingang. Hier hat der Tiber Abschied ins Meer genommen und hier tut er es noch heute. Sein Schlick hat die Gebäude verschlungen, als die Zeit des Niedergangs anbrach – und er hat sie konserviert.

Ostia. Das Theater

Spricht man von Ostia, so muss man zwischen Ostia Antica, dem Grabungsgelände, und Ostia, einem in den Zwanzigerjahren begründeten Stadtteil, unterscheiden. Die Legende berichtet, hier sei im 7. Jahrhundert v. Chr. die erste Kolonie Roms gegründet worden, vom vierten König Roms, Ancus Marcius. Doch die Archäologie ist nur bis ins 4. Jahrhundert gekommen, und auch da nur in einzelnen Funden. Was den großen Reiz von Ostia ausmacht, beginnt im 3. Jahrhundert vor Chr.: Die ungemein gut erhaltenen zahlreichen Gebäude, die den Besucher überraschen können. Denn hier bekommt man in der Tat einen Eindruck vom römischen Alltag, wie er in Pompeji und selbst auf dem Forum Romanum nicht zu haben ist.

Preisgünstig wohnen in der Antike

Links: Eine Straße in Ostia

Rechte Seite: Eine Latrine.
Das Plumpsklo als
Gesellschaftszentrum

In der ersten Zeit des Kaisertums gab es in Ostia Häuser, wie wir sie aus Pompeji kennen. Erhalten ist die Domus di Giove Fulminatore, das Haus des blitzeschleudernden Zeus.

Um 100 n. Chr. erlebte Ostia den Höhepunkt seiner Entwicklung. Es wurde schick, hier zu wohnen, reich und nicht ganz so reich zog hierher. Also wurde der Wohnraum knapp. Die mehrstöckigen Mietshäuser wuchsen empor – und man sieht sie zum Teil noch heute. Insula war ihr Name und ihnen wichen, das kennt man, die vornehmen kleineren Atriumshäuser.

Sie hatten eine Fassade zur Straße hin gehabt, kein Stockwerk, und ihre Bewohner, wohlhabende Patrizier, waren nach innen orientiert. Nun aber forcierte die Stadtverwaltung den Wohnbau für viele, was nicht den Verzicht auf Luxus bedeutet hat. Die Fenster

waren groß, sie brachten das Licht von außen und ihre Eigentümer gehörten durchaus auch der besitzenden Klasse an.

Das reichste Mietshaus in Ostia dürfte das Haus der Musen gewesen sein, die Porticus besteht auch heute noch (was soll man machen, es heißt eben DIE porticus und nicht DER porticus. Idus, manus, tribus, porticus sind trotz der us-Endung weiblich).

In den weniger feudal ausgestatteten Obergeschoßen mit niederen Räumen wohnten die ärmeren Mitbürger und viele der einfachen Ladenbesitzer hatten ihre bescheidenen Wohnungen gleich neben oder über ihren Geschäften.

In den nächsten Jahrzehnten erbauten die reichsten Ostianer wieder ihre kleinen Villen, wieder mit Atrium, der Typus des Peristylhauses kam in Mode. In der Mitte ein Garten, ein Wasserbassin wie früher, umgeben von einem Peristylium, das meint eine Art Wohnzimmer, eine großzügige Säulenhalle. Man schützte sich so vor der Sonne, wie später in den vornehmen arabischen Wohnhäusern und hatte keine Fenster nach außen hin.

Für die insulae, die Mietshäuser mit mehreren Geschoßen, gibt es auch noch heute einige markante Beispiele: die Casa dei Dipinti, die Domus di Giove e di Ganimede, die Casa de Diana.

In ausgezeichnetem Zustand ist das Theater, vor allem der Zuschauerraum mit rund 4000 Sitzplätzen. Der Großteil dieser Plätze steht auch heute zur Verfügung, in der warmen Jahreszeit, die ja hier bekanntlich etwas länger anhält, werden Soloabende gegeben, Rezitationen, aber auch große Opern: »Der Barbier von Sevilla«, »Der Troubadour« und ebenso Shakespeares »Ein Sommernachtstraum«. Das Theater, errichtet unter Kaiser Augustus, ist dem Piazzale delle Corporazioni benachbart, einem weiten Gelände, umgeben von drei Säulenhallen. In keiner anderen antiken Stadt lässt sich solch ein imposantes und so gut erhaltenes Ensemble mehr antreffen.

Für die spätere Zeit, das 4. Jahrhundert, stehen als Beispiele noch heute das Haus von Cupido und Psyche, die Domus della Fortuna Annonaria. Wer sich für Ostia Zeit nimmt, ist gut beraten, es lässt sich schön wohnen und gut essen.

Ich bin Bauer

1991, Juli/August. Ich war damals Sommer für Sommer in Salzburg, als Intendant beim Fest in Hellbrunn. Im Februar dieses Jahres hatte mich eine Anfrage aus Italien erreicht – ob ich Anfang August einen Vortrag zum Thema »Mozarts letztes Lebensjahr« halten wolle. Während ich am Telefon saß, habe ich durch das Fenster den grauen Großstadtwinter gesehen, vielleicht hat es auch gerade geschneit. Die Anfrage kam aus Lucca, Toscana. Ohne nachzudenken, habe ich sehr schnell fröhlich ja gesagt.

Und nun war es so weit. In einer Woche sollte ich nach Lucca fahren, an Tagen, da wir keine Vorstellung hatten. Und von anderen Hindernissen, Interviews, Besprechungen, hatte ich den Termin freigehalten.

Dennoch lag mir die kleine Reise im Magen, je näher das Datum kam. Ich begann, einen Ersatz für mich zu suchen. Ich fragte da, ich fragte dort – jeder war beschäftigt oder hatte das Thema nicht im Angebot, und wenn doch, dann nicht in Italienisch.

Der Tag der Abfahrt war da. Ich habe ihn im Büro verbracht, mit vielfältiger Arbeit und die Stunde der Abreise immer wieder verschoben. Endlich um sieben am Abend konnte ich ins Auto steigen, sorgenvoll.

Ich bin nach einer halben Stunde stehen geblieben – Kaffeepause. Später habe ich bei einer Tankstelle eine Stunde im Auto geschlafen, dann wieder bei einem Rasthaus, und so ging es weiter, mit viel Autoradio und langen Pausen.

Am Nachmittag sollte ich in Lucca sein, am Abend hatte ich den ersten, am nächsten Tag den zweiten Vortragstermin. Als Ziel meiner Autofahrt hatte ich mir Viareggio vorgenommen, zehn Kilometer neben Lucca, am Meer, also Strand, Schlafen im Sand, doppelter Espresso, so würde sich das machen lassen. Aber als der Morgen kam, wurde ich wieder hellwach und war vergnügt, ich hatte es ja fast geschafft.

Noch war die Grenze der Region Toscana nicht erreicht, ich war noch in der Emilia. Es war etwa vier Uhr früh, Parma war nahe. Ich habe die Hauptstrecke verlassen. Über kleine Nebenstraßen ohne jeden Verkehr fuhr ich einem Ziel entgegen, dem zuliebe ich weite Umwege auf mich nehme. Und dann stand ich vor einem einfachen Haus, im Morgennebel, auf menschenleerem Platz, in Le Roncole. Und war glücklich.

Das Haus, in dem Giuseppe Verdi zur Welt kam, hat eine einfache, fleckige Fassade, ein Scheunentor, Rauchfang, wenige Fenster, Eingangstüre. Das Schlafzimmer im ersten und einzigen Stockwerk, in dem der Maestro geboren wurde, liegt neben dem kleinen Zimmer, das das Kind bewohnt haben soll, mit dem Blick auf den Pferdestall. Die Pferde wird schon der kleine Giuseppe gern gehabt haben, wie überhaupt dieses Haus und seine Landschaft. Er ist schließlich dieser Liebe zu der Gegend seiner Kindheit, dem Leben auf dem Land, lebenslang treu geblieben. Sein immer wieder geäußertes Credo war: »Ich bin Bauer.«

Vater Verdi war ein kleiner Gastwirt, daneben führte er eine Greißlerei und die Mutter besserte das Familieneinkommen mit einem Spinnrad auf.

Die Denkmalbüste vor dem Haus und die gestutzten Hecken vermögen den Eindruck dieses filigranen Gebäudes nicht zu stören. Wenn der Begriff »schlicht« auf ein Haus zutrifft, dann auf

Roncole. Verdis Geburtshaus

dieses. Einfachheit, auch und besonders im Sinne von Ehrlichkeit, hat Verdis Leben geprägt. Mit dem wirtschaftlichen Erfolg seiner Kunst zu protzen, wie es so viele andere Große getan haben, das war ihm fremd. Der Prunk, mit dem sich etwa der Kollege Rossini umgab, oder, noch deutlicher, der direkte Konkurrent Richard Wagner, war für Giuseppe Verdi undenkbar.

An diesem Morgen blieb mir für meine Verdi-Andacht nicht viel Zeit. Nun war es ja nicht die erste und auch bei Weitem nicht die letzte. Ich ergreife jede Gelegenheit hierher zu kommen. Und wenn man hier ist und Zeit genug hat, kann man auf Giuseppe Verdis Spuren auch zwei, drei Tage verbringen, ohne weite Fahrten.

In der Kirche gegenüber dem Geburtshaus wurde Giuseppe Fortunino Francesco getauft, allerdings auf den Namen Joseph Fortunin Francois, denn die Franzosen waren gerade die Herren. Immerhin, sie haben ihn nicht als Joseph Vert, sondern Verdi, ins Register eingetragen.

In dieser Kirche, San Michele Arcangelo, hat der Bub seinen ersten Musikunterricht bekommen, durch den Organisten Pietro Baistrocchi.

In der nahen Stadt Busseto hat er dann die großen, entscheidenden Schritte gemacht. Der Kaufmann Antonio Barezzi hat dabei Schicksal gespielt. Sein Haus an der Hauptstraße ist ein bedeutendes Verdi-Museum, das ausgezeichnet geführt ist. Er war der große Förderer des Knaben, des Jünglings Verdi, er wurde sein Schwiegervater. Das soll hier nun keine Verdi-Biografie werden, das ist nicht zu machen, würde auf dem engen Raum so oberflächlich, dass nichts mehr stimmt.

Aber kurz wollen wir denn doch noch in Le Roncole und Umgebung bleiben – wohin wir bald wieder aus anderen Gründen zurückkehren wollen. Es ist nicht weit zur Villa Sant'Agata, nur zehn Kilometer von Roncole, drei Kilometer von Busseto. Mit dem Geld der frühen Opernerfolge hat Giuseppe Verdi 1848 hier, ganz nahe also dem Heimatdorf, ein Grundstück gekauft, 900 Hektar. Er hat diese Landschaft geliebt, diesen Teil der Emilia Romagna. Er hat von ihr gesagt, es sei für ihn unmöglich, »… dass ich für mich etwas finde, was mir so viel Freiheit zum Leben lässt. Und dann diese Stille, diese Zeit zum Nachdenken.« Solche Äußerungen sind nur durch Dritte auf uns gekommen. Giuseppe Verdi hat keine Autobiografie geschrieben, nicht einmal Teile, keine Memoiren. Sein Leben an sich und Briefe, das sind Zeugnisse für seine Naturliebe, die ihn durch lange 88 Jahre begleitet hat. In der Natur ist er aufgewachsen, in ihr hat er sein erstes gutes Geld angelegt, dort hat er sein Anwesen errichtet, eingerichtet. Er selbst nannte es seine »Hütte«, die Einheimischen sprachen damals und sprechen heute von »Villa« oder »Palazzo«.

Das Museum in dem von den Nachfahren bewohnten Haus

birgt Schätze – das Klavier, das den Meister zwanzig Jahre lang begleitet hat, die weißen Handschuhe, in denen Verdi das Requiem zum Tode Alessandro Manzonis dirigiert hat, die Reisetasche und das Bett, in dem er in Mailand im Hotel Milan gestorben ist, das Leichenhemd, die Totenmaske.

Das alte kleine Haus in Roncole wurde verkauft, die Eltern konnten ihr Alter im Gutshaus des erfolgreichen Sohns, in seiner Nähe, verbringen. Und der Gutsherr teilte mit seinen Mitbürgern, Mitbauern, wo er nur konnte. In einem Brief berichtet der begeisterte Landwirt: »Du weißt, dass gebaut wird, dass ich eine Molkerei gebaut habe, und in diesem Jahr noch zwei größere baue, und dass ungefähr zweihundert Arbeiter dort sind, die bis jetzt gearbeitet haben und denen ich Aufträge für künftige Arbeiten geben muss, sobald die Kälte sie erlaubt. Für mich sind diese Arbeiten nicht notwendig, weil diese Bauten mir nicht eine Lira mehr aus der Landwirtschaft einbringen werden, aber nun verdienen die Leute, aus meinem Dorf wandert keiner mehr aus.«

Zwei kleine Seen und viele schöne Bäume erwarten im Park die Besucher. Manche dieser Bäume verdanken ihre Existenz den Opern ihres Grundherrn – nach »La Traviata« wurde die Trauerweide gepflanzt, die Eiche erinnert an den »Troubadour«, die Platane an »Rigoletto«.

In der nahen Provinzhauptstadt Parma steht ein berühmtes Opernhaus, das natürlich zum Werk des berühmtesten Komponisten Italiens eine besonders enge Beziehung hat. In dieser Stadt, die aus vielen Gründen die Reise wert ist, gibt es natürlich auch einen Verehrer-Verein – aber einen, der anders ist als alle Haydn- oder Wagner-Gesellschaften. Wie die Bäume im Park ihre Opernnamen haben, so heißen auch hier die Mitglieder nach den 28 Opern von Verdi. Es sind durchwegs Männer – und sie sprechen einander im Verein ausschließlich mit diesen Übernamen an, es gibt also sowohl einen Signor Rigoletto wie einen Signor Ballo in maschera als auch einen Signor Giovanna d'Arco. Viva Verdi!

Halt, noch beim Opernhaus geblieben! Das Publikum der Verdiheimat ist als besonders kenntnisreich und kritisch bekannt, ja gefürchtet. Man soll auch schon einmal im tiefen Winter seinen Protest geäußert haben, indem man vor dem Eingang eine Menschenkette in den Zuschauerraum baute und die durch sie weitergegebenen Schneebälle den ohnehin schon ausgebuhten Sängern nachwarf. Eleganter ist die folgende Geschichte:

»Otello«, dritter Akt. Desdemona ist nicht mehr zu retten, zu gut hat Jagos Intrige funktioniert. Otello ist entschlossen, sie zu töten. »Aber wie?«, fragt er Jago. Nun will er von ihm Gift für heute Nacht. Jago meint, sie möge lieber doch auf dem Bett sterben, auf dem sie – angeblich – gesündigt hat. Das Publikum ist von Desdemona offenbar nicht sehr eingenommen, denn nun kommt vom Rang eine laute Stimme: »Non importa come, ma subito!« – Es ist nicht wichtig, auf welche Weise, aber sofort!

LUCCA

Salzburg hat Mozart, Schubert ist in Wien zur Welt gekommen, Haydn gehört Rohrau, Beethoven – naja, egal. Aus Lucca ist Alfredo Catalani. Der Komponist von »La Wally«, und auch Luigi Boccherini! Damit stünde die Stadt schon in der Weltrangliste der Musikstädte weit oben. Und hier ist auch noch die Heimat der Familie Puccini – der erste, geboren 1712, kam 1740 in die Stadt, als Organist und Komponist, als Kirchenmusiker. Und das sind die Puccini auch geblieben, Generation für Generation. Insgesamt zehn Familienmitglieder des Namens sind nachgewiesen, Antonio, Michele und schließlich Giacomo, geboren 1858. Er wollte zwar Musiker werden, aber nicht der Kirchenmusik dienen, und so bekam er von den Stadtvätern kein Stipendium, ging nach Mailand an das Konservatorium und war erfolgreich.

Lucca als ein Puccini-Pilger zu besuchen wäre wohl Grund genug, aber was gibt es hier nicht noch alles! An anderer Stelle in diesem Buch erzähle ich vom Markt und von der Piazza Anfiteatro. Kennengelernt habe ich diese besondere Stadt durch einen Vertrag, den ich für den Sommer 1991 geschlossen hatte, ich fuhr, wie schon erwähnt, zu einem Vortrag hin.

Damals habe ich den Tag mit einer Andacht vor Giuseppe Verdis Geburtshaus begonnen und ihn mit einer Andacht vor Giacomo Puccinis Geburtshaus beendet. Und in den Stunden dazwischen habe ich mich in die Stadt verliebt.

Ich war angekommen, müde von der Reise, habe meinen Wagen vor dem Theater geparkt und war in wenigen Schritten beim Bühneneingang. Ich wollte eigentlich gar nicht wirklich jetzt schon in das Theater gehen, aber ich hatte meinen Namen auf einem Plakat mit der Ankündigung meines Vortrags gesehen und war meiner Eitelkeit zum Opfer gefallen. Ich las also diese Ankündigung, da fragte mich der Portier, ob er helfen könne. Ja, sagte ich, denn ich sei eben angekommen – und da stand auch schon ein Herr neben mir, der mich sprechen gehört hatte. Er war elegant, guter Anzug, grauer Vollbart, distinguiert – der Portier war ehrerbietig. Auf seiner Visitenkarte las ich, dass er, der Präsident des Festivals, Malfatti hieß, und das »On.« vor seinem Namen zeigte an, dass er Abgeordneter war, »Onorevole«.

Er habe, sagte er, für alle Fälle einen Tisch bestellt und zwar im besten Restaurant der Stadt, im Buca di S. Antonio. Und wir gingen hin und saßen dort, und zwar lange.

Warum ich so etwas erzähle? Also: Wir waren schon beim Espresso, da schoss mir etwas durch den Kopf und erschreckte mich. »Onorevole, ich habe vergessen, mein Auto abzuschließen! Ich laufe schnell zum Theater!«

Aber Malfatti blieb ganz ruhig. Ich möge mich nicht aufregen, in Lucca könne einem nichts passieren, und ob ich denn nicht noch eine Grappa wolle? So habe ich mich nervös an seinen Rat gehalten, war danach aber sehr schnell bei meinem Auto – tatsächlich, alles in Ordnung.

Das war die erste Lucca-Erfahrung, ein ausgezeichnetes Lokal und Glück mit der lokalen Kriminalität.

Die aber schien es tatsächlich nicht zu geben. Während in anderen Städten schon seit Jahren private Wächter in Fantasieuniformen die Kunden der Bankfilialen beobachteten, später kamen dann die elektronischen Schleusen, so gab es hier einen Bankverkehr wie im Norden, ohne jede Wache.

Lucca, die Porta San Pietro. Eines der Stadttore in der rund vier Kilometer langen Mauer

So ist es geblieben. Der Leiter des Festivals bestätigte mir, dass es in Lucca anders zugehe als in vielen anderen Städten und ähnliche Erfahrungen machte ich dann auch in der Umgebung, in Bagni di Lucca, in Montecatini.

Die Stadt hat nicht nur eine musikalische Vergangenheit, sie hat auch eine wirtschaftliche Bedeutung gehabt, die ihr im späten Mittelalter, in der Renaissance Reichtum und Einfluss verliehen hat. Zeitweise stand Lucca der späteren Metropole Florenz an Macht in nichts nach. Wie sonst nur in Genua und Venedig hatte man hier den Status einer Stadtrepublik.

Die Textilindustrie stand hier in so hoher Blüte, dass andere Städte auf dieselbe Idee kamen und kämpferisch Konkurrenz machten. Venedig warb um Textilfachleute und Lucca reagierte alla veneziana. Denn wie die Serenissima ihren Glasarbeitern das Verlassen der Insel Murano bei Todesstrafe verboten hat, so schufen nun die Textilzünfte ein ähnliches Gesetz. Wer außerhalb der Stadtmauern seine Textilien herstellen wollte, riskierte die Hinrichtung.

Die Maßnahme hatte ihre Wirkung, die Stoffherstellung florierte durch Jahrhunderte.

Also gibt es in Lucca ein Textilmuseum, das sich vor allem der Seide widmet, im Palazzo Pfanner sieht man wunderschöne Kleidungsstücke aus dem 18. Jahrhundert. Aber das Ensemble an sich ist den Besuch wert, das Schloss, der Ehrenhof, der Garten. Und seine Geschichte wird besonders österreichische Besucher interessieren.

Erbaut wurde der Palazzo im Auftrag der Patrizierfamilie Moriconi in der zweiten Hälfte des 17. Jahrhunderts. Aber schon bald wurde der Besitz verkauft, an die zu Wohlstand und einem Adelstitel gekommenen Seidenhändler Controni.

Seinen heutigen Namen führt das Schloss schon lange, und es ist nach wie vor im Besitz der Familie Pfanner. Felix Pfanner (1818–1892) besaß in Hörbranz, Vorarlberg, eine Brauerei. Er stammte ursprünglich aus Bayern und nun trieb es ihn noch weiter in den Süden. Er kam nach Lucca, gründete hier abermals eine Brauerei, die erste im Lande Toscana, und hatte großen Erfolg. Sein Geschäftspartner war ein anderer Österreicher, Gabor Kovacevich. Dass die Herren sich im Jahre 1846 gerade hier niedergelassen haben, wird wohl auch darin begründet gewesen sein, dass das Großherzogtum Toscana damals schon über einhundert Jahre lang vom Haus Habsburg-Lothringen regiert wurde.

Nach und nach erwarb der Vorarlberger den gesamten Kom-

Vor Puccinis Geburtshaus, vor seinem Denkmal

plex: Palazzo, Wirtschaftsgebäude, den mit zahlreichen Skulpturen gezierten Park. Die Brauerei wurde im Keller untergebracht, wo auch, nach bayrischem Vorbild, ein Lokal eingerichtet wurde, das zum sicheren Ziel aller Lucca-Touristen wurde. Bis 1929 bestanden die Brauerei und das Bierhaus.

Wer den Spaziergang über den langen Weg rund um Lucca auf der Mauerkrone des intakten Stadtwalls macht, wird einen Blick in den Park des Palazzo werfen können, den man allerdings auch im Zuge des Museumsbesuchs genießen kann. Im Palazzo ist auch eine Sammlung chirurgischer Instrumente aus dem Besitz von Pietro Pfanner – Arzt, Wohltäter, Lokalhistoriker und von 1920 bis 1922 Bürgermeister von Lucca – untergebracht.

Wer den Palazzo Pfanner noch nie besucht hat, kennt ihn vielleicht dennoch. Das Schloss des Vorarlberger Bierbrauers spielt in mehreren internationalen Filmen mit. So war es das Haus des »Marchese del Grillo«, Regie Mario Monicelli, mit Alberto Sordi und Paolo Stoppa. 1996 wurde hier »Portrait of a Lady« gedreht, mit Nicole Kidman und John Malkovich.

In Lucca gibt es prächtige Kirchen, außer dem Palazzo Pfanner noch mehrere Museen von Bedeutung und ein im Spaziergänger Harmonie schaffendes Stadtbild. Und es gibt das Puccini-Haus.

Heute sind Italiens Museen weitgehend organisiert, ja fast perfekt. Früher konnte man manchmal nur hoffen, dass die angegebenen Öffnungszeiten den tatsächlichen auch entsprechen würden – und das war immer wieder vergeblich. Ich habe sicher fünfmal versucht, den Tempietto Langobardo von Cividale zu besuchen – vergeblich. Beim sechsten Mal habe ich gefragt, wo denn der Custode zuhause ist, man hat es mir gezeigt, ich ging die wenigen Schritte, habe geläutet. Aus einem Fenster im einzigen Stockwerk hat ein alter Mann mit einer Kappe auf dem Kopf wortlos herausgeschaut.

»Sind Sie der Kustos des Tempietto Longobardo?«

Er nickte wortlos. Ich war ein Greenhorn und habe zu schimpfen begonnen: Ich sei nun zum sechsten Mal hier und immer zu den Öffnungszeiten und immer ist geschlossen und auch heute und dabei sei er doch zuhause und – da hat der alte Mann zum ersten Mal den Mund aufgetan und hat mit einer sparsamen Handbewegung gesagt: »Non si arrabia« – Regen Sie sich nicht auf.

In Lucca war es beim ersten und zweiten Mal ähnlich, mit einem großen und sehr angenehmen Unterschied. Zwar war auch dieses Ziel meiner Sehnsucht geschlossen, obwohl es geöffnet war, Puccinis Geburtshaus in der Via di Poggio. Aber ans Haustor hatte man einen Zettel geklebt, auf dem in Handschrift zu lesen war: Der Kustos ist in der Bar am Eck. Also ging ich in die Bar, fragte nach dem Kustos, traf ihn prompt an und trank mit ihm ein Glas Wein, bevor wir gemeinsam an die Pilgerstätte zurückkehrten.

Das Haus ist im wörtlichen, nicht nur im übertragenen, Sinn voll Musik: Man hört in allen Räumen historische und aktuelle Aufnahmen. Es ist eine sehr komplette Sammlung, die man hier antrifft, für die sich die Besucher Zeit nehmen sollten.

Außerdem bereitet dieses Haus auf ein nächstes Ziel in der Umgebung vor – auf Giacomo Puccinis Wohnsitz in Torre del Lago. Der Meister hat sein Leben in der Toscana verbracht, immer in der Nähe von Lucca. Nur die drei Jahre am Konservatorium in Mailand, wo er auf Rat seiner Mutter studiert hat, waren die eine Ausnahme. Die andere kam zustande, weil er in Ruhe an »Manon Lescaut« arbeiten wollte, was für ihn ungewöhnlich war. Deshalb mietete er für kurze Zeit ein Haus in Vacallo bei Chiasso in der Schweiz.

Er erwarb 1898 ein Landhaus in Chiatri, ebenfalls in der Nähe von Lucca. So sehr er den großzügig ausgebauten und verschönerten Besitz liebte, er musste ihn 1908 wieder verkaufen. Seine Familie schätzte das Haus nicht so sehr wie sein Besitzer.

Zeitweise zog Puccini auch in eine Sommerresidenz nach Pescia, bei Montecatini, also auch in der Toscana.

Die letzte Adresse des Komponisten gehörte einem Turm, wenige Meter vom Meeresufer entfernt, in Orbetello. Er trägt heute Puccinis Namen. Hier lebte er von 1920 bis 1922, hier hat er »Turandot« geschrieben.

Die Villa in Chiatri ist in Privatbesitz, man kann sie nicht besichtigen. Wem aber nach dem Geburtshaus in Lucca noch nach mehr Puccini zumute ist, der wird in Torre del Lago reich für den kurzen Weg belohnt. Neun der zwölf Opern sind hier entstanden, »La Bohème«, »Madame Butterfly«, »Tosca« …

Auf engem Raum stehen nebeneinander das Klavier, der Schreibtisch, das den Meister nächtens inspirierende Lederfauteuil. Er soll, erfährt man bei der Führung, am liebsten im Kreis von Freunden komponiert haben. Je ausgelassener es zuging, desto lieber sei ihm das gewesen. Dass ihm das Schicksal ja neben der Musik noch andere Leidenschaften aufgebürdet hat, ist wohl bekannt – er war ein nimmermüder Zigarettenraucher, seine Todesursache war Kehlkopfkrebs. Sein Leben lang hatte er zwei weitere Leidenschaften – die Jagd und die Jagd nach Frauen, was ihm große Probleme in den Weg gelegt hat, von der Öffentlichkeit und der Presse mit Spannung verfolgt und von den Fremdenführern heutzutage mit Begeisterung weitergegeben.

GIUSEPPE GARIBALDI

Was Andreas Hofer für Österreich, Simón Bolivar für Südamerika, Skanderbeg für Albanien, das ist Giuseppe Garibaldi für Italien. Ein Mythos, nicht nur ein Kämpfer für ein nationales Ziel, er ist weit mehr. Er war im 19. Jahrhundert die volkstümlichste Persönlichkeit Italiens.

Dass seine Geburtsstadt zu Frankreich gehört, daran hatte er selbst indirekt maßgeblichen Anteil. Garibaldi ist in Nizza zur Welt gekommen, am 4. Juli 1807. Diese Stadt erlebte von ihren ersten Jahren an eine wechselvolle Geschichte wie kaum eine andere. Römer, Sarazenen, Genua, die Adelshäuser Grimaldi, Durazzo, Anjou, Aragon, der König von Frankreich und der König von Piemont-Savoyen, alle waren zeitweise im Besitz Nizzas. Im Frieden von Turin wurde 1860 die endgültige Abtretung der Stadt an Frankreich besiegelt. Der König von Piemont-Sardinien bedankte sich damit für die Waffenhilfe der Franzosen, die unter Napoleon III. Italien auf dem Weg zur Einheit unterstützt hatten. Sie hatten in der Schlacht von Solferino den Sieg über Österreich errungen.

Giuseppe Garibaldi begann sein Lebensabenteuer als Offizier der Handelsmarine im Dienst von Piemont, wozu Nizza gerade gehörte. 1833 stieß er zu der Bewegung Giovine Italia, den Radikalen des Risorgimento, gegründet von Giuseppe Mazzini. Konsequent verließ er seinen Offiziersdienst, nahm teil am prorepublikanischen Aufstand in Piemont 1834 und wurde nach dessen Scheitern zum Tode verurteilt.

Nun war er zum ersten und noch lange nicht zum letzten Mal auf der Flucht. Und weil Europa für Freiheitskämpfer gerade kein gutes Terrain war, floh er bis Südamerika. In Brasilien traf er auf die Farrapen-Revolutionäre, die sich gegen den Kaiser erhoben hatten.

Dann ging es weiter nach Uruguay, das sich gegen die Annexionsgelüste von Argentinien und Brasilien zur Wehr setzte.

In Südamerika lernte er Ana Maria Ribeiro da Silva kennen – sie wurde seine Geliebte, seine Mitstreiterin, seine Ehefrau.

In Montevideo gründete er mit den dort ansässigen Landsleuten die Italienische Legion. Neben einigen militärischen Erfolgen blieb aus dieser Zeit vor allem ein Symbol – die Legionäre legten rote Hemden an, die in alle Zukunft das Abzeichen der Soldaten Giuseppe Garibaldis wurden. Er selbst nahm damals die Gewohnheit an, im Poncho aufzutreten, in dem er auf zahllosen Denkmälern zu sehen ist.

Sobald er erfahren hatte, dass in Italien wieder Hoffnung auf eine Republik und die ersehnte Einigung bestand, kehrte Garibaldi zurück und kämpfte 1848 und 1849 gegen Österreich.

Im Februar 1849 rief Mazzini die Römische Republik aus, der erfahrene Krieger Garibaldi übernahm das Kommando ihrer Armee. Am 3. Juli 1849 waren die Republik und ihr Traum am Ende, die Anführer mussten fliehen, verfolgt von Frankreich, Spanien, Österreich und dem Königreich Neapel.

Dieses Mal wählte Garibaldi sich New York als Ziel. Seine Frau Anita starb auf dieser Reise – sie war gerade in Erwartung ihres fünften Kindes. Auf Staten Island fand er Zuflucht bei einem Italiener, das Haus ist heute ein Garibaldi-Museum. Vier Jahre leb-

Giuseppe Garibaldi reitet im Vergnügungspark von Rimini

ten der Krieger und der Kerzenerzeuger unter demselben Dach – und der Kriegsheld erlernte die Kerzenherstellung.

1853 kam der gefeierte Emigrant wieder nach Hause. Von seinen vielen nun folgenden Kämpfen ist jener zur Legende geworden, den er mit den »Tausend« von Genua aus unternommen hat, um den Bourbonen Sizilien abzujagen. 1860 schiffte er sich ein, segelte südwärts, siegte bei Capua und bei Calafatimi und nahm Sizilien im Namen von König Vittorio Emanuele II. von Piemont-Sardinien in Besitz. An seiner Seite war der enge Freund Alexandre Dumas père, der seine Eindrücke als Augenzeuge dieses Feldzugs in »I Garibaldini« festhielt. Und jetzt wird es kompliziert.

Rechte Seite: Patriotismus im Devotionalienhandel. Garibaldi und Vittorio Emanuele II. in der Schnupftabakdose

Garibaldi marschierte nun auf die Residenz des Königs von Neapel, siegte im Oktober 1860 in der Schlacht am Volturno, und plante die Eroberung Roms, die Einnahme der Gebiete des Vatikanstaats. Da wurde aber die hohe Politik nervös. Der Ministerpräsident des jungen Staats, Graf Camillo Benso di Cavour, befürchtete einen Konflikt mit Frankreich. Napoleon III. sah sich als Beschützer des Papstes und der Katholischen Kirche und da entschloss sich Cavour, selbst gegen Garibaldi zu ziehen. In der Schlacht am Aspromonte siegte die Armee des Königs gegen den königstreuen Freischärlergeneral, der daraufhin die von ihm eroberten Gebiete dem Königreich Italien endgültig übergab und sich auf Caprera, eine kleine Insel vor Sardinien, zurückzog.

Zwar gab er noch lange nicht auf, doch die Verwundung eines Beins, die er bei Aspromonte erlitten hatte, machte ihm lange schwer zu schaffen.

Im Deutsch-Französischen Krieg 1870/71 trat er noch einmal mit einer Armee von Freiwilligen an der Seite der Franzosen an, aber danach widmete er sich vor allem anderen Projekten. Seit 1857 lebte die aus Deutschland stammende Schriftstellerin Maria Espérance von Schwartz bei ihm auf Caprera. Sie hatte aus der Ferne seine Wege verfolgt, ihn und seine Ziele verehrt und sorgte nun für den Witwer und seine Kinder.

Mehrfach bedrängte man den längst zum Idol gewordenen Mann mit politischen und anderen Angeboten. 1861 versuchte Abraham Lincoln den erfahrenen Soldaten wieder nach Amerika zu locken. Er bot ihm ein wichtiges Kommando der Nordstaaten-armee an, der Sezessionskrieg hatte gerade begonnen. Der alte Haudegen hätte sich wohl wieder auf den Weg nach New York gemacht, aber seine Landsleute beschworen ihn, in Italien zu blei-ben und hier weiterzukämpfen.

1871 ernannte ihn die Französische Nationalversammlung zum Deputierten. Doch er beharrte auf seiner Forderung, die Heimatstadt Nizza müsse wieder italienisch werden und so widerrief man die Ernennung. Der von Gerechtigkeitsliebe durchdrungene und hochangesehene Victor Hugo war gerade erst aus seinem Exil heimgekehrt, nach dem Ende der Herrschaft Kaiser Napoleons III. Er reagierte zutiefst empört auf die Beleidigung Garibaldis und protestierte dagegen, allerdings ohne Erfolg.

In seinen späteren Jahren genoss er zahlreiche Ehrungen aus halb Europa. Seine Reise nach London im April 1864 wurde zu einem Triumph. Die Hauptstadt von Großbritannien ernannte ihn zum Ehrenbürger. Stundenlang brauchte sein Wagen, bis er durch die Menschenmenge – eine halbe Million soll es gewesen sein – bei Thronfolger Edward und Königin Victoria ankam.

Seit 1861 war Giuseppe Garibaldi Mitglied einer Freimaurerloge in Neapel. Das wurde ihm nun zu einem zweiten Lebensinhalt. Wenige Jahre später schlossen sich die Logen Italiens zu einem Dachverband zusammen, der ihn zum Großmeister wählte. Zu seinem siebzigsten Geburtstag wurde in Florenz sein Denkmal enthüllt, ein Festakt, der wesentlich von den Freimaurern gestaltet war.

In seinem Haus auf Caprera ist Giuseppe Garibaldi am 2. Juni 1882 gestorben. Sein Vermächtnis ist die Einheit von Süd und Nord, deren Sinn freilich immer wieder umstritten ist, auch noch heute.

Am 26. Oktober 1860 hatte der siegreiche Truppenführer seine größte Eroberung, das Königreich beider Sizilien, übergeben – an Vittorio Emanuele II., den er nun »König von Italien« nannte. Die beiden Herren saßen einander zu Pferd gegenüber in Teano bei Neapel.

Garibaldi unterwarf sich den politischen Entscheidungen seines Landes mit einer Ansprache, die nur aus einem einzigen, berühmt gewordenen Wort bestand – »Obbedisco«. Ich gehorche. Unter den zahllosen Denkmälern für den General ist auch eines, das ihn und den König gemeinsam bei der Begegnung von Teano darstellt, in Fiesole bei Florenz.

In Österreich und in Deutschland war er naturgemäß weniger beliebt. Der Münchener Dichter Franz Graf Pocci verfasste in der Reihe seiner Kasperl-Theaterstücke auch eines mit dem Namen »Kasperl und Garibaldi«, in dem sich ein bayrischer Dorfbürgermeister halb zu Tode fürchtet, als der verkleidete Kasperl in der Rolle des vermaledeiten Italieners auftritt.

PASSEGGIATA VIII

R: »Gerardo, woran hast du heute gearbeitet? Ich habe dich den ganzen Tag nicht gesehen.«

G: »Also, ich arbeite ja hier in Venedig hin und wieder auch gar nichts, heute aber schon. Ich war in der Biblioteca Marciana und habe mich mit Giuseppe Garibaldi beschäftigt.«

R: »Ah ja. Naja, also gut … Ihm verdankt Vittorio Emanuele sein Denkmal an der Riva, als Kriegsheld mit drohendem Schwert. Und mit den merkwürdigen Zahlen von der Abstimmung am Sockel.«

G: »Was ist da merkwürdig?«

R: »Dass wir alten Venezianer überzeugt sind, dass sie nicht stimmen. Heute noch, nach so vielen Jahren, wird manchmal dort demonstriert, du weißt ja, der Norden, das sogenannte Padanien, die Sehnsucht nach Selbstständigkeit.«

G: »Schau, das hat doch alles gar keinen Sinn, wollt ihr das Jahr 1861 rückgängig machen? Wir versuchen ja auch nicht mehr, Südtirol zurückzubekommen.«

R: »Bevor es ernst wird, erzähle ich dir lieber einen Witz, das mache ich nicht oft. Aber der hier passt zu unserem Thema, also: Die Armee des Königs von Neapel, in einer engen Gasse. Eine Kompanie lauert hinter einer Barrikade auf die Garibaldi-Leute. Es ist totenstill. Aus der Ferne hört man den Marschtritt und eine Trommel. Und da biegen sie schon ums Eck. Der junge königliche Leutnant gibt den Befehl ›Avanti!‹

Keine Reaktion, alle bleiben, wo sie sind. Die Garibaldini

kommen näher, der Leutnant zieht seinen Degen und brüllt: ›Soldati, avanti!‹

Wieder nichts, alles bleibt. Da springt er in die Höhe, schießt mit der Pistole in die Luft und brüllt so laut er kann: ›Soldati, camerati, avanti!‹

Alles bleibt wie vorher, und aus der letzten Reihe der Soldaten hört man: ›Che bella voce!‹ – Was für eine schöne Stimme!«

G: »Na gut, ja, schon lustig, aber wenn man sich einen ganzen Tag mit Büchern über Garibaldi beschäftigt hat, ich weiß nicht, also …«

R: »Es ist ja nur ein Witz.«

BERGAMO

Von Weitem sieht man den Schriftzug an der Stadtmauer, in Blockschrift und gut zu lesen – Città dei Mille.

Der Juni 1859 brachte dem Risorgimento die größten Erfolge – am 24.6. verlor Österreich die Schlacht von Solferino und damit die Lombardei. Zwei Wochen vorher, am 8. Juni, war Giuseppe Garibaldi nach Bergamo gekommen und hatte dort seine »Mille« gefunden, jene Tausend, die bald darauf Sizilien erobern sollten. Er hatte allein durch seine Ankunft die Menschen begeistert, nun hatte er die Jugend aufgerufen, sich freiwillig an seine Seite zu stellen und einem künftigen Italien zu dienen.

Die »Mille« waren schnell beisammen. Am 5. Mai 1860 sind die »Lombardo« und die »Piemonte« in See gestochen und haben Kurs auf Sizilien und in die Geschichte genommen. In Bergamo kann man diese Truppe von exakt 1080 jungen Männern auch im Bild kennenlernen, es gibt zahlreiche Erinnerungen, Porträtsammlungen, Fotobände.

1859 gehörte Bergamo noch zu Österreich! Die Behörden müssen die Augen verschlossen haben vor der so ausufernden Kundgebung. Und Garibaldi durfte ja eigentlich österreichisches Staatsgebiet gar nicht betreten, er lief Gefahr, verhaftet zu werden.

Das ist nur ein einziges historisches Ereignis in einer langen Reihe von Tagen und Schicksalen, die Bergamo zu einem Italien in der Nussschale machen.

Der weltbekannte Schweizer Architekt Le Corbusier hat Bergamo nicht die »Stadt der Tausend« genannt, sondern »die verehrungswürdige Unbekannte«.

Die Stadtmauer mit dem »Mille«-Schriftzug ist vollständig, hat fünf Kilometer Länge und umgibt ein Wunder von intakter Altstadt, überragt vom alten Kastell San Vigilio. Sie liegt auf 380 m Höhe über der modernen, größeren Neustadt, mit der sie durch eine Standseilbahn verbunden ist. Eine zweite Standseilbahn bringt die Fahrgäste noch weiter in die Höhe, auf 460 m, zum Kastell.

Die Oper, die Baukunst der Renaissance, die Condottieri, die Commedia dell'Arte, die katholische Kirche, die bildende Kunst, das Risorgimento – all das findet man hier wie unter einem Vergrößerungsglas.

Im neuen Teil von Bergamo, den man, von der Autostrada kommend, zuerst erreicht, wenn man die Città alta erst von Weitem sieht, erlebt man eine der wichtigsten Kunstgalerien Italiens. Graf Giacomo Carrara hat 1796 seine schon damals bedeutende Sammlung der Stadt hinterlassen. Wenige Jahre später hat man ihr ein eigenes Gebäude errichtet, 1908 übernahm die Stadt Bergamo selbst die Leitung. Heute kann man hier eine große Zahl von Bildern allererster Bedeutung besichtigen – Botticelli, Pisanello, Lorenzo Lotto, Andrea Mantegna, Rubens, Raffael Santi, Canaletto und viele andere Maler sind hier vertreten und nunmehr auch viele Künstler der Moderne – De Chirico, Kandinsky, Manzù, um nur einige zu nennen.

In Lenna bei Bergamo kam um das Jahr 1440 Mauro Codussi zur Welt. Er wurde Steinmetz, nach einer Lehre bei einem lombardischen Meister. Darüber hinaus muss er sich noch weitere intensive Kenntnisse im Umgang mit Stein erworben haben, aber wo und wie, davon ist der Forschung nichts bekannt. Sein Name erscheint 1469 in der Kunstgeschichte.

Die Liste seiner Bauten in Venedig ist lang und eindrucksvoll. Der Uhrturm an der Piazza, die Torre dell'Orologio, zählt dazu und auch die Kirchen San Giovanni Crisostomo und Santa Maria Formosa, die dem Campo ihren Namen gibt. Mehrere Palazzi hat Codussi erbaut oder umgestaltet, der bekannteste ist der Palazzo Loredan, später Vendramin-Calergi, der heute als Casino dient.

Arlecchino ist Bergamaske. Die Figur des einfachen Bauern oder Handwerkers, der sich in anderer, urbaner oder höfischer Gesellschaft zum unfreiwilligen Komiker macht, erscheint quer durch die Jahrtausende, in den Komödien des alten Rom, im Mittelalter, über Shakespeare – die Rüpel im »Sommernachtstraum« – bis Ruzzante, Goldoni, Nestroy, Feydeau.

Es waren zwei Theaterleute, die unabhängig voneinander diese Hauptfigur des schlauen, auch brutalen Dieners geschaffen haben. Die Maske und das bunte Kostüm mit den aufgenähten Flecken sollen auf Tristano Martinelli (1557–1630) zurückgehen. Er kam in Mantua zur Welt, war mit seiner eigenen Truppe viele Jahre auf Wanderschaft, übernahm die Ausdrucksweise und den Dialekt der Bergamasken und fand schließlich am Hofe von Mantua bei den Gonzaga eine feste Stellung als oberster Aufseher über Straßenmusiker, Wunderärzte, eben über alles, was zum Jahrmarkt kam, und ebenso als Leiter und zentraler Darsteller der Commedia dell'Arte. Sein Ruhm wuchs bis in die Höhe des französischen Hofs und so trat er mit seiner Truppe im Oktober 1600 bei der Hochzeit von König Heinrich IV. mit Maria von Medici auf.

Direkt aus Bergamo stammte der Mann, aus dessen Vorbild Martinelli seinen Arlecchino entwickelt hat – Alberto Naselli. Er schuf seinen Zan Ganassa, den er selbst seinerzeit übernommen hatte, nach und nach zu einer eigenständigen Figur. Sie blieb bergamaskisch, bis in die Gegenwart, wurde zum anerkannten Liebling des Publikums, wuchs an Bedeutung als eine Art Philosoph, der unangenehme Wahrheiten sagt. Die Aufklärung und zwei deutsche Theaterleute haben ihn schließlich von der Bühne, aus dem Leben, vertreiben wollen, Gottsched und die Neuberin. 1737 ließen sie ihn – als Puppe – brennen. Das ist ihnen nicht gut bekommen. Wenige Jahre später war er wieder da, auch in Deutschland, und beliebt wie eh und je, mitsamt seinen Cousins Hanswurst, Kasperl, Guignol, Punch …

Das Theater von Bergamo trägt Gaetano Donizettis Namen. Hier ist er am 29. November 1797 geboren worden – als Untertan von Kaiser Franz II. Dieser Teil des späteren Italien gehörte damals noch lange zu Österreich und so war es auch möglich, dass ein Sohn Bergamos in Wien Hofkapellmeister werden konnte. 1842 wurde Donizetti ernannt, zu dieser Zeit hatte er der Oper schon ein umfangreiches Werk geschaffen.

Seine ersten Studien hat er in Bergamo betrieben, sein Lehrer war Johann Simon Mayr (1763–1845), ein gebürtiger Bayer, der auf der Flucht vor der Polizei – er wurde wegen der verbotenen Mitgliedschaft im Illuminatenorden gesucht – zuerst in der Schweiz und dann in Bergamo landete. Sein eigentliches Metier war aber die Kirchenmusik und er bildete sich ab 1789 bei Carlo Lenzi weiter, dem Domkapellmeister von Santa Maria Maggiore.

Sein nächster Lehrer war Ferdinando Bertoni, Kapellmeister von San Marco in Venedig. Hier, im Abendrot der Serenissima, stand trotz aller Sorgen, oder wohl eben deswegen, das Theater in hoher Blüte.

Simon Mayr fand daran Gefallen. Nach etlichen Vespern und Kantaten schrieb er sein erstes Oratorium, dem 1794 als Auftrag für den Karneval die erste Oper folgte, »Saffo«. Mayr blieb der Oper treu, wie der Erfolg ihm treu blieb. Seine sechzig Opern brachten ihm europaweiten Ruhm und den Ehrentitel »Il padre della lirica italiana«.

1802 kehrte er mit seiner Frau, einer Venezianerin, nach Bergamo zurück und übernahm die Stelle des Kapellmeisters von Santa Maria Maggiore.

Das war vielleicht ein kleiner Schritt für das Ehepaar Mayr, aber es war ein großer für die Welt der Oper. Gaetano Donizetti wurde Simon Mayrs Schüler, später wirkte er als Bassist an dessen Kirchenmusik mit und wurde Archivar. Und dann begann, langsam, der Aufstieg zum ganz großen Erfolg – die ersten Opern brachten ihm Anerkennung, aber nicht mehr.

Mit »Anna Bolena« kam der Durchbruch, und mit dem »Liebestrank«, »La Favorita« und der »Regimentstochter« wurde er auch im verwöhnten Paris enthusiastisch gefeiert. 71 Opern sind von ihm erhalten, man nimmt an, es sind noch viel mehr gewesen.

»Linda di Chamounix« komponierte Donizetti als Auftragswerk für Wien, die Hofkapellmeisterwürde folgte daraufhin. Seinen roten Dienstfrack mit den weißen Hosen wird er wohl nicht oft angehabt haben, außer ihm haben auch Johann Strauß Vater und Sohn, Eduard Strauß und zuletzt Carl Michael Ziehrer dieses Kleid getragen. Sie allerdings trugen den Titel eines Hofballmusikdirektors.

Das Donizetti-Museum in Bergamo, im Zentrum der Altstadt, erzählt von diesem reichen, tragisch endenden Leben. 1844 zeigten sich erste Anzeichen einer Geisteskrankheit, die Donizetti in eine geschlossene Anstalt in Paris brachte. 1848 ist er in seiner Geburtsstadt Bergamo gestorben.

Wenn man die Geburtsorte großer Künstler besucht, mag man

immer wieder überrascht sein über die Einfachheit, oft auch Armut, die am Beginn solcher exzeptioneller Lebenswege gestanden ist. Nicht alle Genies sind unter solchen Umständen aufgewachsen wie Goethe, Puccini oder auch Mozart. Manchmal aber ist es geradezu, wie eben auch im Geburtshaus von Donizetti, erstaunlich, dass derartig beengte, prekäre Lebensumstände denn doch die Möglichkeit eines Studiums, einer eminenten Karriere ermöglicht haben.

Ganz anders die Gedanken, die den Bergamobesucher auf den Spuren von Bartolomeo Colleoni bewegen werden. Er stammte aus einem alten lokalen Adelsgeschlecht, in Solza bei Bergamo wurde er um 1400 geboren. Er wurde Soldat, kämpfte unter verschiedenen Heerführern wie Muzio Sforza, wie unter Gattamelata – dessen Reiterstatue in Padua steht – und wurde zum Generalleutnant der Serenissima ernannt.

Die Heimatstadt Bergamo sorgte schon zu seinen Lebzeiten für eine grandiose Ehrung. 1472 begann der Bau der Cappella Colleoni, wenn auch erst nach deutlichem Nachdruck durch den General. Dieses bedeutende Kunstwerk war zuerst Mausoleum für die geliebte, jung verstorbene Tochter Medea, dann auch für den Vater. Venedig war etwas zögerlich in dieser Hinsicht.

Der Condottiere hatte sein gewaltiges Vermögen der Serenissima vererbt – unter der Voraussetzung, dass man ihm ein Denkmal vor San Marco errichtet. Auf der Piazza, vor dem Dogenpalast? Nein, also nein, das wollten die Senatoren und der Doge nicht so gern.

Aber es gab ja auch noch die Scuola von San Marco, ganz gewiss hatte der Erblasser diese Stelle gemeint – und so bekam Andrea Verrocchio den Auftrag und Bartolomeo Colleoni sein Denkmal, wenn auch ganz woanders, als er es sich gedacht hatte.

Der Bauernhof in Sotto il Monte steht, nur wenige Kilometer von Bergamo entfernt, in der Mitte des kleinen Ortes. Seine rund 4.200 Einwohner fahren seit einigen Jahren gerne zu einem Besuch nach Bayern. Reiseziele sind Burghausen und vor allem Marktl – die engsten Landsleute von Papst Johannes XXIII. kommen zu den engsten Landsleuten von Papst Benedikt XVI.

In diesem Haus ist Angelo Giuseppe Roncalli am 25. November 1881 geboren worden. Dreizehn Kinder hatten die Eltern, einfache Bauern. Sie waren nicht begeistert, als ein Verwandter und der Pfarrer von Sotto il Monte den kleinen Angelo als besonders begabtes Kind erkannten und ihn zu fördern begannen. Der Pfarrer gab ihm sogar Lateinunterricht, das war zwar gratis, aber die Arbeitskraft des Buben fehlte dem Vater. Doch er ließ sich überreden, mit elf Jahren kam der Sohn zur Vorbereitung in das Seminar von Bergamo, 1904 wurde er zum Priester geweiht.

Seinen Militärdienst hatte er schon 1901 geleistet, nun wurde er Sekretär des Bischofs von Bergamo. Neun Jahre lang übte Roncalli dieses Amt aus, bis zum Tod des Bischofs 1914. Als Italien ein Jahr später in den Krieg eintrat, wurde der junge Priester wieder eingezogen, zuerst als Sanitäter, bald als Militärseelsorger.

Nach Kriegsende wurde Angelo Roncalli nach Rom geholt und zum Präsidenten des Zentralrats des päpstlichen Missionswerks für Italien ernannt. Als er in dieser Funktion einmal Aachen und Köln besuchte, wurde der Platz neben dem Kölner Dom zu seinen Ehren auf Roncalliplatz getauft. Dass der Zirkus, der diesen Namen trägt und sein Stammquartier in Köln hat, immer wieder für den Namensgeber des Platzes gehalten wird, liegt auf der Hand. Aber der Zirkus heißt so nach einem Drehbuch von Peter Hajek – »Sarah Roncalli, Tochter des Mondes«. Freilich kann es

auch sein, dass der Drehbuchautor seinerseits sich diesen Namen aus Sotto il Monte geholt hat, wer weiß es.

Ab 1925 war Monsignore Roncalli für viele Jahre Diplomat, zum Bischof geweiht, und er kam als Vertreter des Vatikans zuerst nach Bulgarien, danach ab 1934 in die Türkei, 1944 nach Frankreich.

Als der Zweite Weltkrieg begann, wurden die Schwierigkeiten, mit denen er in der religionsfeindlichen Türkei zu kämpfen hatte, die ja auch den Islam als Staatsreligion abgeschafft hatte, kaum zu bewältigen. Diplomatisches Denken, ererbte Schlauheit, ein gütiger Charakter waren nun dringend notwendig.

Als einmal eine große Gruppe jüdischer Flüchtlinge aus Deutschland auf dem Weg nach Israel durch die Türkei festgehalten wurde, gelang es Roncalli, von der Deutschen Bischofskonferenz ein Schreiben zu erhalten, das die jüdischen Flüchtlinge für katholische Pilger erklärte, die auf dem Weg nach Tarsus seien, in der Südtürkei, zum Geburtsort des Heiligen Paulus.

1953 wurde Angelo Roncalli zum Kardinal erhoben und zum Patriarchen von Venedig ernannt. Das Konklave nach dem Tod Pius XII. machte ihn im Oktober 1958 zum Papst. Roncalli wählte als seinen Namen Johannes, Giovanni, den Schutzpatron seines Heimatdorfes Sotto il Monte. Sein nur fünf Jahre währen-

Rom. Der »Papa buono« im Glassarg, seit dem Pfingstmontag 2001 in der Hieronymuskapelle im rechten Seitenschiff der Peterskirche

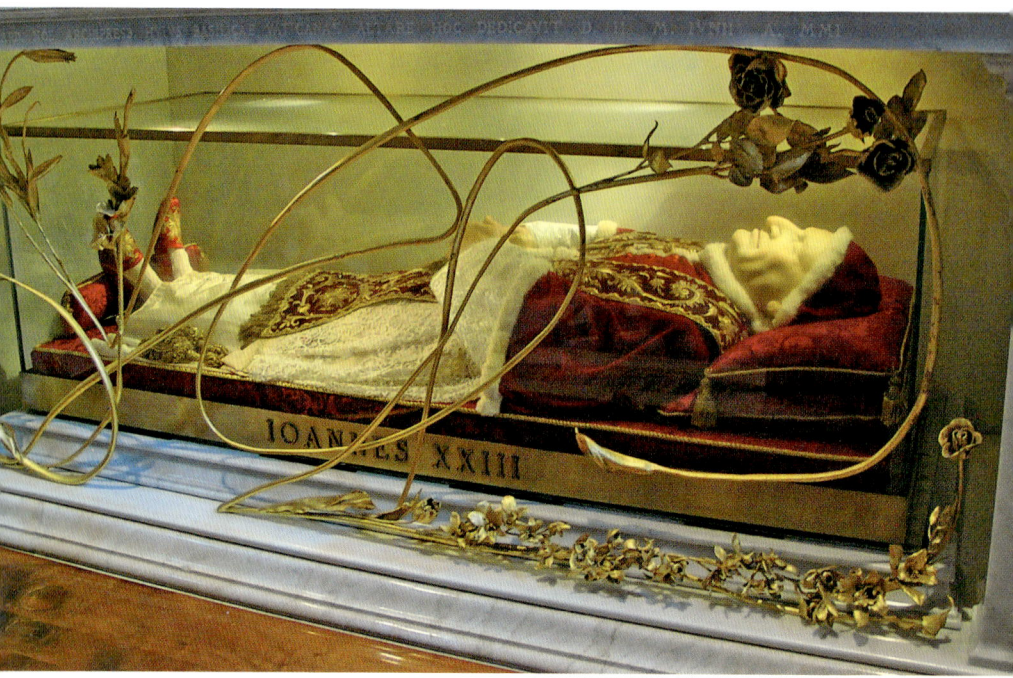

des Pontifikat gab ihm dennoch Gelegenheit zu zahlreichen Reformen. Das Zweite Vatikanische Konzil brachte der Kirche den längst fälligen Schritt ins 20. Jahrhundert.

Das Ende seines Konzils hat Johannes XXIII. nicht mehr miterlebt. Er starb am 3. Juni 1963. Seine Seligsprechung erfolgte am 3. September 2000.

Johannes XXIII. ist als Papa buono in die Geschichte eingegangen, als »der gute Papst«. Und neben seinen anderen Eigenschaften ist auch sein Humor an diesem Ehrennamen schuld. Auf die Frage, wie viele Menschen denn im Vatikan arbeiten, hat er geantwortet: »Die Hälfte.« Und er hat gesagt: »Jeder kann Papst werden. Ich bin der Beweis.«

Kurz vor seinem Tod hat Papst Giovanni XXIII. ein Gebet für das Volk geformt, dem auch Jesus Christus angehört hat:

Wir erkennen heute, dass viele Jahrhunderte der Blindheit unsere Augen verhüllt haben, sodass wir die Schönheit Deines auserwählten Volkes nicht mehr sehen und in seinem Gesicht nicht mehr die Züge unseres erstgeborenen Bruders wiedererkennen.

Wir erkennen, dass ein Kainsmal auf unserer Stirn steht, im Laufe der Jahrhunderte ist unser Bruder Abel in dem Blute gelegen, das wir vergossen, und er hat Tränen geweint, die wir verursacht haben, weil wir Deine Liebe vergaßen. Vergib uns den Fluch, den wir zu Unrecht an den Namen der Juden hefteten. Vergib uns, dass wir Dich in ihrem Fleische zum zweiten Mal ans Kreuz schlugen. Denn wir wussten nicht, was wir taten.

DER PAPST SIEHT FERN

Wenn der Papst frei hat, was macht er dann, was kann er denn überhaupt machen? Ich höre aus dem Vatikan, dass der Heilige Vater gerne in das Fernsehprogramm schaut. Da wird er mit den Stationen des Cavaliere wohl wenig Freude haben, darf man annehmen.

Aber er hat ohnehin eine Vorliebe für ganz bestimmte Filme. Welche mögen das sein? »Geschichte einer Nonne« mit Audrey Hepburn? »Der Pfarrer von Kirchfeld«? Oder, am ehesten, »In den Schuhen des Fischers?«

Aus sicherer Quelle ist zu erfahren, dass Benedikt XVI. eine Reihe von Filmen besonders mag, die auch Jahrzehnte nach ihrer Entstehung ungemein beliebt sind – »Don Camillo und Peppone«. Schwarz/weiß, viele gute Schauspieler, ein absoluter Star von damals als kämpferischer Pfarrer – der Franzose Fernandel. Vor wenigen Jahren gab es eine Neuverfilmung, jetzt natürlich in Farbe, eine TV-Produktion mit Terence Hill.

Aber begonnen hat dieser Welterfolg als Buch. Der Journalist, Karikaturist und Schriftsteller Giovannino Guareschi hat sich seine Heimat, die Emilia, als Schauplatz gewählt. Eine große Zahl von Typen, die er dem Leben abgeschaut hat, bildet das Personal dieser Reihe von Büchern. Das erste hieß »Don Camillos kleine Welt«. Am Anfang standen einzelne kurze Geschichten, die sofort großen Erfolg hatten und bald gesammelt als Romane und Erzählungen erschienen.

Fernandel und Gino Cervi

Der Schauplatz – eine kleine Stadt in der Poebene, in der Bassa. Sie beginnt bei Piacenza und – das soll Guareschi selbst sagen: »… und in Piacenza beginnt auch die kleine Welt meiner Geschichten, jene kleine Welt liegt in dem Stück Land zwischen Po und Apennin.«

Das ist der geografische Hintergrund, und daneben gibt es sehr deutlich den politischen Hintergrund. Da ist ein markanter Vertreter der Katholischen Kirche, der Pfarrer Don Camillo Tarocci, und ein ebenso markanter Vertreter der Kommunistischen Partei, der Bürgermeister Giuseppe Bottazzi, genannt Peppone. Beide dienen als Symbole der damals hauptsächlich wirkenden Kräfte Italiens – der Kirche und der Democrazia Cristiana einerseits, und auf der Gegenseite der PCI, der Partito Comunista, dem Aufbruch und der Tradition. Und beide, der Politiker wie der Priester, sind zwar ständig Kontrahenten in allen nur möglichen Fragen, aber in einer wichtigen Frage miteinander verbunden – sie waren beide Partisanen der Mussolinizeit. Die Aufarbeitung der Jahre des Faschismus, der Neubeginn nach dem Desaster, das eint sie und lässt sie schließlich Freunde sein, trotz aller Gegensätze.

Wenn auch die politischen Verhältnisse grundlegend anders sind als zu der Zeit, da Guareschi seinen Welterfolg verfasste, so kann man die Bücher wie die Filme auch heute begreifen und sich also an ihnen erfreuen. Wenn man sie kennt, lohnt es sich, auch die Schauplätze kennenzulernen.

Das Städtchen hat im Buch keinen Namen. In der Realität des Films ist es angekommen in der Form von Brescello, einem Dorf nordöstlich von Parma, 5600 Einwohner, zwischen dem Po und der A1. Hier findet man alles – die Kirche und das Kruzifix mit dem sprechenden Christus, das Rathaus, die Bar am Eck, den nahen Bahnhof von Brescello-Viadana.

Der Bürgermeister hat ebenso sein Denkmal wie der Pfarrer und noch weit mehr ist in einem eigenen Museum zu sehen, besser, wiederzusehen. Auch dieses Gebäude, das Kulturzentrum San Benedetto, spielt in den Filmen mit, es ist das Gewerkschaftshaus Peppones und seiner Leute.

Da ist nun, rekonstruiert, ein Teil der Pfarrerwohnung und auch sein Fahrrad, das Fahrrad des Bürgermeisters und auch dessen Motorrad, eine rote Motoguzzi, sind hier. Daneben gibt es Filmplakate und viele Fotos von den Dreharbeiten.

Giovannino Guareschi selbst hatte sich einen anderen Ort als Brescello für die Dreharbeiten gewünscht, sein Geburtsdorf Fontanelle, aber er konnte sich nicht durchsetzen. Bei der Besetzung der Rollen hingegen blieb er siegreich. Mit Fernandel als Don Camillo war er besonders einverstanden, bei Peppone setzte er seinen Widerspruch durch und sagte erst ja, als man ihm den Italiener Gino Cervi vorschlug. Der hat in den Filmen eine

Im Film – das Gewerkschaftshaus. Im Leben – das Kulturzentrum

gewisse Ähnlichkeit mit dem Autor, dem Erfinder dieser kleinen Welt. Er machte sich selbst Konkurrenz in den Peppone-Jahren, denn in einer Fernsehserie war er Georges Simenons Kommissar Maigret.

Im Leben hatte Guareschi eher Ähnlichkeit mit Don Camillo, dessen Weltanschauung er vertrat. In einem seiner Bücher, im Deutschen »Mein häuslicher Zirkus«, schildert er seinen Alltag mit Ehefrau Margherita und den beiden Kindern, Alberto und Carlotta. Die Tochter erscheint selten in diesen Geschichten unter ihrem wahren Namen, sie wird in der Familie »La Pasionaria« genannt, ihrer kindlichen Wutanfälle wegen, den Namen hat sie von der kämpferischen Kommunistin Dolores Ibarruri übernommen, der »Pasionaria« des Spanischen Bürgerkriegs.

Als ich eines Tages wieder andächtig das Geburtshaus von Giuseppe Verdi in Roncole verließ, stand ich in plötzlichem dichten Regen. Wenige Schritte neben dem Eingang gibt es eine kleine Bar, in der man auch einkaufen kann. Dorthin bin ich geflohen, habe gelesen, was zu lesen war, und habe festgestellt, dass Verdis Elternhaus an der Piazza Guareschi steht. Verwundert habe ich den Wirt gefragt, ob denn der Platz schon lange so heiße, es war mir noch nicht aufgefallen. Jaja, seit Jahrzehnten, sagte er mir, denn der Schriftsteller habe ja hier gewohnt. In meiner Verdiversunkenheit hatte ich das nie bemerkt, dafür war ich jetzt umso wacher. Dieses Lokal, so erfuhr ich nun, sei früher das Gasthaus des Alberto Guareschi gewesen, der später aber in das eigene Haus, in dem sein Vater mit der Familie gelebt hatte, mit seiner Trattoria übersiedelt sei.

Der Regen ließ nicht nach und ich ging wenige Schritte bis zu dem Zeitungsstand gegenüber, um mir für die Wartezeit etwas zum Lesen zu besorgen. Unter dem kleinen Schutzdach stand eine junge Frau im Gespräch mit dem Händler. Und als ich an der Reihe war, habe ich nach einem Führer durch den Ort oder einer Guareschi-Biografie gefragt und ich wollte wissen, ob es denn das Lokal Albertos noch gebe. Gewiss, und da gehe ja gerade seine Tochter, auf dem Weg nach Hause. Der Zeitungsmann rief sie, die junge Frau kam zurück, er machte uns miteinander bekannt.

Ja, ihr Vater führe das Lokal, heute war allerdings geschlossen. Und ob es denn die Pasionaria, ihre Tante, noch gebe, wollte ich wissen und vieles mehr. Ich bekam alle Antworten und habe seither neben der Pilgerschaft zu Verdi einen zweiten Grund, in Roncole andächtig zu sein.

Der »Club dei Ventitrè« ist im Besitz eines großen Guareschi-Archivs, er organisiert Seminare, gibt Studien in Auftrag, alles im

Hinblick auf die Entwicklung Italiens in der Gegenwart, natürlich mit besonderer Berücksichtigung der Ziele und Meinungen Guareschis. Seine Kinder und Enkel stehen dem Club hilfreich zur Seite. Die Trattoria wird man heute vergeblich suchen, sie ist geschlossen. Die Familie bewohnt das Haus in Roncole. Die Blumenhändlerin hat mir schon einen gewissen Umsatz zu verdanken, Giovannino Guareschis Grab befindet sich auf dem örtlichen Friedhof.

Giovannino Guareschi sieht sich selbst

BOMARZO

Auf einem der zahlreichen Tuffhügel dieser Landschaft in den Regionen Umbrien und Latium liegt die winzige Stadt Bomarzo.

So klein sie ist, so komplett ist sie – alles ist da, was solch ein Borgo benötigt, die Kathedrale, die Carabinieri-Station, der Palazzo – heute Gemeindeamt, ein Hotel, Lokale, vor allem aber eine malerische Altstadt.

Borgo – ein Ausdruck, den man wohl nicht erklären muss, er gehört zur italienischen Welt als Inbegriff von geschlossenem Wohn- und Lebensbereich, unsere Burg leitet sich davon ab und er schließt auch das Lebensgefühl ein. Zum Borgo gehört man, fühlt sich ihm verpflichtet, hier ist man gern. In Bomarzo kann man lernen, was ein Borgo ist.

Doch nicht die Altstadt hat den Namen der kleinen Stadt bekannt gemacht. Hier wird man von einem der vielen Wunder dieses unfassbar reichen Landes erwartet. Dieses allerdings wird man in Italien kein zweites Mal finden – den Heiligen Wald, Sacro Bosco.

Der wichtigste der Feudalherren von Bomarzo war Herzog Vicino Orsini, er lebte von 1523 bis 1585. Er war eine so interessante, vielseitige Persönlichkeit, dass er zum Thema für einen Roman, eine Oper, wissenschaftliche Werke wurde.

Sein Lebensweg hatte konventionell begonnen – im Umfeld des Vatikan, als Offizier, verheiratet mit Giulia Farnese, einer Verwandten des Papstes. Seine Erfahrungen bei Hofe ließen den jungen Mann mehr und mehr an diesem Lebensstil zweifeln, von

dem er sich mit vierunddreißig Jahren abrupt und konsequent abwandte. Er hatte von seinem Vater die Herrschaft Bomarzo geerbt, dorthin zog er sich zurück. Er führte eine glückliche Ehe, was in dieser Zeit und in seinen Kreisen selten war.

Nun ließ er die alte Burg zu einem modernen Palazzo umbauen, der ihm zum Schutz gegen die profane Welt diente. Hier führte er mit seiner Frau das Leben eines Philosophen, mit umfangreichem Briefwechsel mit anderen Denkern, mit einer wachsenden Bibliothek, in der auch Bücher zu finden waren, die auf dem Index standen.

Vor den Toren seines Borgo legte er einen Park an – so etwas geschah nicht selten. Zahlreiche äußerst kunstvolle Gartenanlagen sind in der Renaissance gestaltet worden, wie der Park der Villa Lante, oder der des Palazzo Farnese in Caprarola, jener des Castello Ruspoli. Diese alle liegen in Roms Umgebung, auch von Bomarzo nicht weit entfernt. Doch auch die Parks und Gärten des Manierismus, in Hellbrunn, in Kassel wurden im 16. und 17. Jahrhundert angelegt.

Aber der Heilige Wald des Vicino Orsini ist etwas ganz und gar anderes. Der flüchtige und eilige Besucher wird einfach eine Gruppe merkwürdiger Skulpturen und Bauten wahrnehmen und sich weiter nichts denken. Wer sich aber ernsthaft mit dieser umfangreichen Anlage befasst, kommt aus dem Denken nicht mehr heraus.

Orsini nannte seine Schöpfung eine Weihestätte für seine »liebste Geliebte«, seine Ehefrau, die schon 1564 gestorben ist. Ihr hat er am höchsten Punkt des Gartens einen kleinen Tempel erbaut, der alleine schon eine Reihe von Geheimnissen, von Symbolen birgt. Doch immerhin konnte er sich mehr als zehn Jahre lang an der Planung des Sacro Bosco zusammen mit Giulia erfreuen.

So entstanden nach und nach, mit Hilfe der Steinmetze und Bildhauer der Dombauhütte im nahen Orvieto, eine Riesenschildkröte, ein Zyklop, ein Theater, ein karthagischer Elefant, der einen römischen Soldaten in der Gewalt hat, eine Aztekenmaske, ein Neptun, ein Pegasus und vieles mehr.

Eine Deutung ist schwierig. Der Hamburger Kunsthistoriker Horst Bredekamp hat sich jahrzehntelang mit Bomarzo beschäftigt, hat geforscht und gesucht und schließlich sein eminentes Wissen in zwei Bänden niedergeschrieben. Er war auf diesem speziellen Gebiet ein Pionier – denn noch 1954 hat die Kommune

den ganzen Park recht günstig an einen neuen privaten Besitzer verkauft. Man konnte mit den überwachsenen, bemoosten großen Steintrümmern nichts anfangen, sie störten die land- und forstwirtschaftliche Nutzung dieses Waldes.

Der neue Besitzer aber, der enthusiastische Kunstfreund Giovanni Bettini, wusste seine Erwerbung zu schätzen. Er rodete, wo die Natur die Kunst fast besiegt hatte, erhielt und öffnete den kompletten Park.

Zu den ersten Bewunderern der nunmehr wiederentdeckten Schöpfung aus dem Manierismus hatte schon Jahre zuvor der

Surrealist Salvador Dalí gezählt. Er kam 1938 nach Bomarzo und war von der eher zufälligen Begegnung mit der lange vergessenen Parkanlage tief beeindruckt. Diese Eindrücke hat er in einem seiner berühmtesten Bilder eingesetzt – in »Versuchung des Heiligen Antonius«. Da findet man zum Beispiel den Elefanten wieder, der einen Obelisken auf dem Rücken trägt.

Manche Besucher werden mit ihren Kindern wohl auch im angrenzenden Vergnügungspark landen und nicht so genau unterscheiden zwischen Streichelzoo, Ringelspiel und dem Traum eines Renaissancefürsten. Deshalb empfiehlt es sich, nicht am Wochenende nach Bomarzo zu kommen, es ist zu viel los.

Passeggiata ix

G: »Ruggero, du hast erwähnt, dass seit 2002 600.000 junge Italiener mit Hochschulabschluss ausgewandert sind – eine unglaubliche Zahl. Kommen die wieder, weil sich etwas ändert?«

R: »Weiß ich nicht, kann ich nur hoffen. Aber sicher nur ein kleiner Teil, wenn überhaupt. Sie finden im Ausland ihre Arbeit, sie können mehr Sprachen als meine Generation sie beherrscht hat, sie gründen Familien, werden zu Schweizern, Amerikanern, Australiern. Und andere haben das Land aus politischen Gründen verlassen, weil sie in diesem vom blödelnden Arlecchino und vom lügenden Pinocchio beherrschten Gemeinwesen nicht mehr leben wollten. Antonio Tabucchi, nur ein Beispiel, ein sehr berühmtes.«

G: »Wohin ist er denn gegangen?«

R: »Er lebt in Lissabon und in Paris. Er hat noch ein Haus in Pisa. Es steht leer, habe ich gelesen. Er kommt nicht so bald zurück – denn käme er, wird vielleicht seine Strafe fällig. 1,350.000 Euro.«

G: »Strafe? Wofür? Und diese Riesensumme!«

R: »Tabucchi hat in einem Zeitungsartikel von den Mafiaverbindungen von Renato Schifani erzählt, dem Senatspräsidenten, der Nummer zwei im Staat nach dem Präsidenten, ein Berluscone, besonders treu. Linientreu kann man nicht sagen, die einzige Linie heißt Berlusconi. Und der hat geklagt, auf diese Summe, aber es ist noch nicht ganz entschieden, der Prozess ist im Gang. Die Vorwürfe gegen ihn sind aber bewiesen.«

G: »Ruggero, Tabucchi ist vor kurzer Zeit gestorben, hast du das nicht gewusst?«

R: »Doch, natürlich, und da haben seine Gegner noch Glück gehabt, er hätte doch weitergekämpft. Gegen Schifani hätte er ja am Ende wohl kaum eine Chance gehabt.«

G: »Wie aber bitte ist denn so etwas möglich? Ich bin aus Österreich ja auch manches gewöhnt, aber das …?«

R: »Schau, er hatte die Kenntnisse – als Rechtsanwalt von Beruf – und die Macht, dieses Gesetz durchzubringen, dass die fünf höchsten Repräsentanten des Staats nicht vor Gericht belangt werden können. Damit war sein Cavaliere, denn auf den war das zugeschnitten, gerettet. Ein halbes Jahr, nachdem das Gesetz in Kraft getreten war, wurde es allerdings wieder aufgehoben. Und jetzt dürfte so etwas wohl noch etwas schwieriger geworden sein.«

G: »Gratulation. Und mit der Drohung aus der EU und mit der gesunkenen Freude an Berlusconi und seinen Parteigründungen wäre wohl auch Antonio Tabucchis Blick auf die Gegenwart, auf die Zukunft optimistisch geworden.«

R: »Hoffe ich. Er war aber der Meinung, dass nicht wir Italiener und nicht die Beherrscher Europas in Brüssel das Wunder zuwege gebracht haben, sondern nur der Markt, nur die Umstände. Aber ich denke, die Macht dieser grotesken Person ist tatsächlich im Sinken. Bei den Gemeindewahlen hat es ja nicht nur in Mailand und in Neapel eine böse Überraschung für die PDL gegeben – haha, ›Popolo della Libertà‹, lächerlich – sondern auch in Berlusconis Heimatort Arcore, berühmt durch Bunga Bunga und Fräulein Ruby, dort haben sie seinen ihm ergebenen Bürgermeister abgewählt.«

G: »Also!«

R: »Ja, aber das Land hat sich gewandelt in diesen vielen Jahren.

Die Sprache ist vulgär geworden. Kein Wunder, wenn du das ständig hörst – in seinen privaten TV-Sendern genauso wie nach und nach auch in den staatlichen, beherrscht hat er sie doch alle. Und dort haben sie diesen ordinären Stil übernommen, ausgenommen die mutigen Partisanen, geschützt durch eine enorme Popularität: Adriano Celentano, Roberto Benigni, oder via Internet Beppe Grillo, und, seit einigen Jahren, Roberto Saviano.«

G: »Der Anti-Mafiaheld, der das Buch geschrieben hat, der nur mehr im Versteck lebt?«

R: »Ja, der. Die anderen aber leben nicht in irgendeinem Versteck, was glaubst du, war im Fernsehen los! ›Vieni via con me‹ hat diese Reihe von Sendungen geheißen, kurze Reihe, sie haben sie schnell abgewürgt. Rekordzuseherzahlen! Italien ist geteilt – in eine anständige Hälfte und eine nicht ganz so anständige. Jetzt heißt es hoffen, dass das junge Italien, das empörte, wieder stärker wird, die stecken sich nicht so leicht an, wie das bei den Älteren der Fall war. Die Jugend sieht kaum fern und sie denkt international. Sie wird mit den klug gebliebenen Alten im Hintergrund ein neues Italien bauen. Und du fahr heim, oder bleib auch hier und schreib ein Buch über all das! Und über das Italien, das du doch kennst. Im Jahr 2011 haben wir einhundertfünfzig Jahre Einigkeit gefeiert – ja, gefeiert, obwohl uns doch so etwas wie Nationalstolz eigentlich nicht gegeben ist. Aber am Ende dieses Jahres hat die Hoffnung sich aus dem Dreck erhoben – schreib das, Viva l'Italia!«

PERSONENREGISTER

Adler, Viktor 12
Albright, Madeleine 51
Amadori 110
André, Fabrizio de 29
Antonioni, Michelangelo 57
Apicius, Marcus Gavius 20
Appel, Carl 130
Aquin, Thomas von 27
Aragall, Giacomo 89
Araiza, Francisco 89
Artusi, Gertrude 22
Artusi, Pellegrino 21ff.
Augustus, eigentl. Gaius Octavius, röm. Kaiser 172
Avati, Pupi, eigentl. Giuseppe Avati 148
Azeglio Ciampi, Carlo 55, 97, 155

Baas, Balduin 60
Babeuf, Francois Noel 99
Baffo, Giorgio 39
Baistrocchi, Pietro 176
Barezzi, Antonio 176
Bariani, Ida 64
Barzini, Luigi 42f.
Beethoven, Ludwig van 122, 179
Benigni, Roberto 219
Benedikt XVI., Papst 202

Benso di Cavour, Camillo 180
Berger, Senta 142
Bergman, Ingrid 122
Berlusconi, Silvio 15, 31, 46, 100f., 129, 162f., 217f.
Bertoni, Ferdinando 199
Bettini, Giovanni 215
Biagi, Enzo 101
Bing, Rudolf 89
Birbaum, Günter, österr. Botschafter 96
Boccherini, Luigi 179
Böhm, Edgar 88
Bolivar, Simón 187
Bolognini, Mauro 134
Bonaparte, Napoleon, d.i. Napoleon I., Kaiser der Franzosen 99f., 79
Bonaparte, Napoleon III., Kaiser der Franzosen, 187, 190
Bondi, Sandro 166
Borsellino, Paolo 114
Bosé, Lucia 103
Botticelli, Alessandro 187
Brecht, Bertolt 19
Bredekamp, Horst 214
Brillat-Savarin, Jean Anthelme 21
Bruno, Giordano 35
Buonarotti, Filippo 99

Busoni, Ferruccio 86
Buzzanca, Lando 68
Buzzati, Dino 26

Calabrò, Corrado 116
Callas, Maria 96, 104
Camilleri, Andrea 129
Canaletto, eigentl. Giovanni Antonio Canal 197
Capodilista, Annibale 37
Cappuccilli, Piero 96
Cardinale, Claudia 103
Carrà, Raffaella 22
Carrara, Giacomo 197
Caruso, Enrico 96
Casanova, Giacomo 39
Castellacci, Mario 150
Catalani, Alfredo 179
Cavalli, Marino 119f.
Celentano, Adriano 9, 219
Cervi, Gino 207 f.
Chruschtschow, Nikita 163
Cigna-Santi, Vittorio Amedeo 19
Cimarosa, Domenico 89
Clemens XI., Papst 80
Codussi, Mauro 197f.
Colleoni, Bartolomeo 84, 201
Contarini-Bovolo, Familie 110

BILDNACHWEIS:

Alberto Nardi / TIPS / picturedesk.com (S. 6),
Thomas Ramstorfer (S. 42, 78, 110),
Rights Managed / Mary Evans / picturedesk.com (S. 59, 61, 63),
NG Collection / Interfoto / picturedesk.com (S. 65),
Everett Collection / picturedesk.com (S. 71),
Roberto Rinaldi / TIPS / picturedesk.com (S. 81),
90061 / United Archives / picturedesk.com (S. 153),
Karin Tilgner (S. 193, 203),
Friedrich / Interfoto / picturedesk.com (S. 207),
Lu Wortig / Interfoto / picturedesk.com (S. 209);
Alle übrigen Bildrechte liegen beim Autor, dem Verlag oder sind frei.

Vorsatz: © www.Tips / TIPS / picturedesk.com
Nachsatz: © Thomas Ramstorfer

Besuchen Sie uns im Internet unter
www.amalthea.at

Schutzumschlaggestaltung:
Kurt Hamtil, verlagsbüro wien
Schutzumschlagmotiv: © Angela Sorrentino / istockphoto.com
Herstellung: Franz Hanns
Gesetzt aus der 11,5/15,5 Punkt Adobe Garamond
Gedruckt in der EU

ISBN 978-3-85002-788-5